Psicología oscura

Lo que las personas maquiavélicas poderosas saben, y usted no, sobre persuasión, control mental, manipulación, negociación, engaño, conducta humana y guerra psicológica

Índice

Introducción

Si ha sido manipulado alguna vez en su vida, probablemente sepa exactamente cómo es ser sometido al comportamiento dañino y doloroso de gente que parece que no tiene escrúpulos. Puede que se pregunte qué puede forzar a una persona a comportarse de una manera tan destructiva, o incluso cómo son capaces de hacerlo en primer lugar. Mientras que las razones que contribuyen al comportamiento destructivo y dañino de alguien son muchas, las estrategias que usan para lograr su destrucción son bastante claras. Dependen de herramientas como la manipulación, el engaño, la negociación, el control mental, la conducta humana y la guerra psicológica para salirse con la suya.

El contenido de este libro le ayudará a desarrollar un conocimiento más profundo de las herramientas que han sido usadas en la psicología oscura para ayudar a gente a conseguir lo que comúnmente se conoce como *poder maquiavélico*. Esta forma de poder es oscura, destructiva y, a veces, hecha a expensas de muchas personas buenas que fueron arrastradas, sin saber e involuntariamente, a los juegos del líder falaz. Al final, a menudo es el líder maquiavélico que carece de empatía y compasión hacia otros el que gana, haciendo, por tanto, que sea fácil para ellos despachar torturas, destrucción y dolor sin ningún remordimiento alguno por sus acciones o comportamiento.

Al informarse usted sobre qué tipos de comportamiento son y cómo funcionan, puede protegerse de ser engañado por un poder maquiavélico. Cuanto más entienda cómo funcionan estos juegos retorcidos y acepte el hecho de que un maquiavélico no tiene una guía moral o empatía por los que le rodean, más fácil será identificar su comportamiento y protegerse de su destrucción. En algunos casos, puede que sea completamente inevitable estar involucrados con ellos, por ejemplo, si se trata de su jefe o de una persona en política que gobierna su país. Sin embargo, entender sus tácticas y estrategias puede prevenir que sea arrastrado a su destrucción y, con suerte, asegurar que se mantiene cuerdo para que pueda evitar la tortura y dolor mental que viene con su comportamiento. Por favor, tenga en cuenta que este libro no está dirigido, de ninguna forma, a respaldar un comportamiento manipulativo o alentar las herramientas de psicología oscura como el engaño y el control mental. En cambio, está pensado para educarle para que se pueda proteger contra este comportamiento destructivo.

Si está listo para descubrir cómo funcionan los maquiavélicos y entender cómo puede protegerse contra estrategias engañosas y peligrosas, ¡es hora de comenzar! Por favor, tómese su tiempo para leer este libro, ya que hay mucho que aprender sobre este tema y puede ser bastante difícil leerlo si todavía se está recuperando de la destrucción de un manipulador.

Capítulo 1: Poder maquiavélico

El poder maquiavélico es una forma de poder usada por individuos que emplean artimañas e hipocresía para conseguir control sobre otros. Surgió a mediados del sigo XV del escritor y diplomático del Renacimiento italiano Niccolò Machiavelli, que era famoso por muchos de sus escritos, como *Il Principe* (*El príncipe*). Hoy en día, el maquiavelismo es una palabra usada para describir uno de los tipos de personalidad de la triada oscura que la gente emplea, permitiéndoles expresar una cínica desconsideración por la moralidad para así poder enfocarse en ganancias personales.

El poder maquiavélico es una forma de poder que deriva de individuos que pueden disociarse por completo de sus emociones y moral para conseguir logros egoístas. A través de esta desconexión, pueden manipular a otros de una forma muy poderosa, embaucándoles para seguir fielmente al individuo maquiavélico, a menudo sin siquiera darse cuenta de que lo están haciendo. Las formas del maquiavelismo son tan oscuras y retorcidas que a menudo las personas con buen corazón y almas amables no son capaces de entender que un poder tan oscuro y retorcido siquiera pudiera existir. Con frecuencia, son arrastrados a creer cualquier cosa que el individuo cínico dice y creen realmente que están contribuyendo con algo positivo en el mundo que les rodea.

La gente que se identifica con el maquiavelismo realmente cree que el mundo es un lugar egoísta y malvado. Creen en afirmaciones como "nunca le diga a alguien la verdadera razón por la que hizo algo a no ser que le sea útil hacerlo", pero no creen en afirmaciones como "la mayoría de la gente es buena y amable". A los maquiavélicos les motiva el egoísmo y tienen una fuerte habilidad para manipular a otros. También tienden a ser extremadamente inteligentes en cuanto a su coeficiente intelectual, pero con frecuencia tienen un bajo coeficiente emocional. Se cree que usan su alto cocficiente intelectual para incrementar sus habilidades manipuladoras y su baja inteligencia emocional les apoya a desprenderse de la moral y emociones como la empatía o la compasión por otros.

Líderes maquiavélicos famosos

Algunos de los líderes maquiavélicos más famosos de la historia incluyen el Julio César de Shakespeare, Luís XI de Francia, Catalina de Médici, Otto von Bismarck, François Mitterrand, y Félix Houphouët-Boigny. Se sabe que cada uno de estos líderes empleaban las lecciones enseñadas por Niccolò Machiavelli en sus escritos, usándolas como medios para tener el control sobre las masas y liderar de formas extremadamente egoístas. A menudo, su liderazgo se basaba en ayudarse a sí mismos a vivir vidas increíbles sin importarles mucho la calidad de vida de las personas que les rodeaban.

Los ocho rasgos característicos del poder maquiavélico

Ocho rasgos caracterizan a aquellos que participan del poder maquiavélico. No todos los individuos que emplean el poder maquiavélico tendrán todas estas características, pero tendrán al menos algunas de ellas y probablemente las usen de forma regular.

Los ocho rasgos característicos del poder maquiavélico son:

Falsedad

A los líderes maquiavélicos se les conoce por ser falsos. Actuarán como una persona con usted, pero serán otra a sus espaldas. Rara vez una persona maquiavélica muestra su verdadera cara ni muestran o expresan su yo verdadero a nadie, ni siquiera a las personas más cercanas. La única persona que sabe cómo son de verdad, son ellos mismos, e incluso entonces, probablemente no tengan una comprensión profunda de su propia identidad.

Astucia

A los líderes maquiavélicos se les conoce por tener mucho talento para salirse con la suya y a menudo crean obras maestras. Su éxito es normalmente el resultado de una hábil combinación entre el engaño y la picaresca.

Narcisismo

Prácticamente todo maquiavélico es un narcisista. Su narcisismo es probablemente la razón por la que pueden desvincularse de cosas como la empatía y la compasión, ya que lo más probable es que nunca las hayan experimentado en primer lugar. Los líderes maquiavélicos, como los narcisistas, son exageradamente prepotentes, aunque se suelan retratar a menudo como nobles y humildes. Al final del día, este es un ejemplo de su comportamiento hipócrita.

Creen que el fin justifica los medios

Un líder maquiavélicos cree que, si el resultado es conveniente, no hay nada demasiado inaceptable para alcanzar ese resultado. Se sabe que los maquiavélicos han asesinado, encarcelado y torturado a individuos que se ponen en su camino, a menudo haciéndolo en secreto sin que les atrapen nunca en el acto. Tampoco dudan en emplear a alguien para hacer su trabajo sucio por ellos para que no les pillen o les responsabilicen de sus actos.

Creen que todo el mundo forma parte de su juego

Los líderes maquiavélicos no ven a la gente como individuos; en cambio, ven a la gente como peones en su juego. Para ellos, otros individuos no tienen sentimientos o valores a considerar. Ni siquiera los ven como humanos. Cada interacción que un líder maquiavélico realiza, desde el lugar de trabajo a su vida familiar y cualquier lugar entre medias, es todo parte de un juego para ellos. En este juego, su único objetivo es, o ganar o mantener su poder o influencia sobre otros.

Sobresalen en control y manipulación

Una de las formas clave en que los líderes maquiavélicos obtienen su control es a través de la manipulación. A los líderes maquiavélicos se les conoce por manipular y controlar a otros como un medio para conseguir todo lo que quieran siempre que quieran. El tema de sus tácticas de manipulación es que, en muchos casos, la gente ni siquiera se da cuenta de que está siendo manipulada. En su mayoría, creen que están haciendo lo correcto o que han decidido actuar conforme al líder maquiavélico por su propia cuenta. En realidad, todo fue perfectamente orquestado por el líder maquiavélico.

Prefieren ser temidos que amados

Como cualquiera, un líder maquiavélico quiere ser amado por los demás; la idea de ser amado por otros les gusta. En muchos casos, todo su complot para llegar a la cima se basa en el deseo de que todos le amen. Desafortunadamente, para un maquiavélico, ser amado y ser temido (o "respetado") son sinónimos. Los maquiavélicos no entienden lo que es el verdadero amor, ni saben cómo se siente tener a gente que los quiera voluntariamente, ya que están demasiado ocupados presionando a todo el mundo para que les tema y manipulándoles para que se crean que ese miedo *es* una señal de amor. Aunque un líder maquiavélico nunca diría en voz alta que preferiría ser temido. En cambio, dicen que quieren ser respetados y llevar a creer a otras personas que el temor es una señal de respeto.

No revelan sus verdaderas motivaciones

Un líder maquiavélico nunca muestra sus motivaciones reales, ni siquiera a aquellos a su alrededor o cercanos a él. Incluso aunque trabaje codo con codo con un maquiavélico, nunca le explicarán lo que realmente quieren conseguir. Las personas en torno al líder maquiavélico frecuentemente hacen cosas por el líder sin comprender totalmente por qué o cómo contribuyen a la causa común. Esto es porque nunca saben exactamente cuál es la causa. El único momento en el que un maquiavélico revela sus verdaderas motivaciones o razones es si, de alguna forma, puede sacarle provecho. Si no, no lo dirán.

Protegerse del poder maquiavélico

Protegerse de los poderes de la psicología oscura, como el poder maquiavélico, viene de entender cómo son estos tipos de poderes. Para muchos, creer que alguien podría ser tan frío y sinvergüenza parece poco realista. Simplemente no creen que nadie pueda comportarse de forma tan inmoral. La realidad es que mucha gente manda con un gobierno maquiavélico, incluso en el mundo de hoy. Mientras que no todos llegarán tan lejos como para cometer crímenes físicos contra otros para incrementar su ganancia personal, sin lugar a dudas utilizarán la guerra psicológica para mejorar sus posibilidades de conseguir sus propios fines.

Los líderes maquiavélicos pueden ser su jefe, un familiar, un político o prácticamente cualquier persona con la que se pueda encontrar en su día a día. No hay pruebas visuales de que alguien sea maquiavélico. Normalmente pasan desapercibidos y nunca son expuestos por lo que realmente son. Esta es la razón por la que mucha gente es embaucada por personas maquiavélicas sin haberse dado nunca cuenta. Si quiere evitar ser embaucado por un Machiavelli, necesita entender exactamente qué es lo que hacen, las tácticas que usan, y cómo son estas tácticas. Esto es lo que vamos a explorar según profundizamos en la conducta humana, la manipulación, el control mental, la persuasión, la negociación, el engaño y la guerra psicológica.

Capítulo 2: Las ocho leyes de la conducta humana

La conducta humana es una cosa bastante complicada, pero está dirigida normalmente por ocho leyes. Estas leyes resumen las motivaciones tras el comportamiento y acciones de la mayoría de la gente y qué es lo que están intentando lograr con todo lo que hacen. También ayudan a determinar si una persona hará algo, o no, basado en cómo se sitúa dentro de las leyes de la conducta. Por ejemplo, a los humanos les motiva su necesidad de saber por qué deberían hacer algo, y no cómo. Por tanto, si está intentando vender algo a alguien, necesita explicar por qué deberían estar interesados, en vez de cómo cambiará sus vidas. Esto permite al individuo entender lo que ganarán y por qué cambiará sus vidas, y después podrán considerar cómo funciona el proceso más tarde.

Las personas maquiavélicas son muy inteligentes, de manera que saben exactamente qué son las ocho leyes de la conducta humana, aunque nunca hayan hecho un esfuerzo por aprender esa información. Viendo, probando y prestando atención, los líderes maquiavélicos saben cómo identificar estas características en la gente y usarlas como fórmula para manipular su comportamiento y conseguir lo que quieren.

En este capítulo, vamos a explorar las ocho leyes de la conducta humana y cómo funcionan, así como la forma en la que la gente con poder usa estas conductas como una oportunidad de manipular a otros y salirse con la suya, a menudo sin que la gente se fije en ellos por su comportamiento manipulador. Según lea estas leyes de la conducta, observe cómo aparecen en su propia vida y cuándo estas leyes le han motivado. Considere cómo pueden usarse en su contra. Al entender estos puntos en su conducta y reconocerlos como puntos débiles frente a manipuladores magistrales, usted puede dirigir su vida con una mayor conciencia y evitar ser embaucado por un manipulador, como un líder maquiavélico.

La gente acepta el reconocimiento y evita la responsabilidad

Las personas destacan por estar predispuestas a aceptar el reconocimiento mientras evitan la responsabilidad. Al hacer eso, se conceden la oportunidad de recibir elogios a pesar de no haber hecho nunca nada por merecerlos. En la mayoría de los casos, el trabajo duro lo completaron otros mientras ellos pasaban el rato y se llevaban el mérito. Vemos esto constantemente en todo el mundo, especialmente con jefes y directivos que rara vez se involucran en el trabajo de la empresa, pero se llevan todo el crédito del éxito que la empresa produce. Este no es un fenómeno entre empresas; es una influencia común tras el comportamiento de mucha gente.

Llevarse el reconocimiento por cosas realizadas, aunque nunca se haya trabajado en ello significa que se siente bien más a menudo que mal. Incluso entre niños, con frecuencia vemos a un niño conseguir realmente algo y otro niño se lleva el mérito de dichos logros, como en trabajos en grupo en el colegio. En estas situaciones, el niño está siendo motivado por el reconocimiento, pero está empujando a que el resto haga el trabajo por él para que no tenga que hacer realmente nada para recibir el reconocimiento. A menudo, esto no se hace con el deseo de ser malicioso o falaz, pero, en cambio, dejan que pase porque el proceso de ser reconocido sienta bien.

Lo más probable es que pueda identificar este comportamiento en su vida con cosas que usted ha hecho. Por ejemplo, a lo mejor empezó una afición nueva o un proyecto empresarial y aceptó los elogios de aquellos que le dijeron que era valiente o tenía talento, pero cuando llegó la hora de sacar adelante su afición o negocio, dejó de esforzarse y todo se vino abajo. En situaciones como esta, puede ser fácil decir que fue una falta de motivación o dirección por la que el proyecto no prosperó y evidentemente puede pasar a la siguiente cosa y continuar con su vida. Sin embargo, ese no es siempre el caso.

La gente que es manipuladora usa esto como una oportunidad para incrementar sus beneficios personales a expensas de aquellos a su alrededor. Un caso famoso en el que pasó esto fue en la relación entre Thomas Edison y Nikola Tesla cuando la electricidad y otros dispositivos electrónicos primitivos se estaban desarrollando hace más de 100 años. En este intercambio, Edison había contratado a Tesla para que trabajara para él, exigiendo a Tesla que trabajara 18 horas al día para completar las tareas de su empleo. Llegados a cierto punto, Edison le propuso a Tesla que, si rediseñaba las dinamos de Edison por completo, le daría $50.000. Cuando Tesla rediseñó el modelo con éxito, Edison le dijo a Tesla que no entendía el humor americano y, en vez del dinero prometido, le ofreció un pequeño aumento por su duro trabajo. Desde entonces, Tesla intentó introducir nuevos modelos de electricidad más eficientes a Edison, pero Edison discrepaba por completo de Tesla e hizo todo lo que pudo por sabotear el éxito de Tesla.

Más tarde, Tesla decidió perseguir su sueño y se fue a otra empresa con George Westinghouse, el propietario de una empresa de electricidad en Pittsburgh. Ahí, Westinghouse financió por completo la investigación de Tesla y le ofreció un acuerdo por los derechos que le aseguraría beneficios por las futuras ventas basado en su próspera investigación. Cuando Tesla demostró su éxito,

Westinghouse se llevó el mérito de los logros de Tesla y dejó que todo el mundo creyese que fue él el que había producido con éxito la nueva forma de electricidad.

Estos no han sido los dos únicos casos donde el maquiavelismo saboteó a Tesla y su reconocimiento por su duro trabajo. A lo largo de los años, mucha gente se apropió de patentes de Tesla y desarrollaron sus propios sistemas y después se responsabilizaron de todo, incluido el trabajo de Tesla que había contribuido a sus sistemas. Un ejemplo famoso es Guglielmo Marconi, que se ha considerado el padre de la radio durante años, aunque sacó sus plantillas del descubrimiento de Tesla. En estas circunstancias, Tesla simplemente no tenía la perspicacia o inteligencia social de los otros, por lo que los demás se aprovecharan de él. No fue hasta hace pocos años, mucho después del fallecimiento de Tesla, que la gente empezó a darse cuenta de que el verdadero genio detrás de estos desarrollos no era otro sino Tesla.

Los manipuladores y la gente con una profunda sed de poder saben que la clave del poder es mantener sus manos limpias mientras que dejan que otros hagan el trabajo sucio por ellos. Los manipuladores prosperan aprovechándose de la gente que tiene una genuina pasión e interés en su trabajo y sus vidas ofreciéndoles la oportunidad de cumplir su pasión mientras que el manipulador se lleva el reconocimiento del trabajo realizado. Así es cómo los manipuladores demuestran que son poderosos, alejándose del trabajo en sí y después robando a otros su merecido mérito. En su lugar, ofrecen al apasionado individuo mínimas cantidades de reconocimiento y pequeñas recompensas por su trabajo mientras que absorben todo el mérito valioso que le ofrecen otros.

Cuando el manipulador no siente que está consiguiendo lo que quiere, a menudo usa tácticas obscenas para intentar manipular a otros para que hagan más para poder recibir mayor reconocimiento. Por ejemplo, cuando Edison hizo una oferta real a Tesla con la cantidad de $50.000, después se rio como si fuera una broma cuando Tesla cumplió su parte del trato. Este tipo de comportamiento con frecuencia ocurre porque los manipuladores no quieren ser responsables de los acuerdos o proposiciones que hacen, pero quieren aparentar ser honestos hasta que consiguen cumplir sus deseos. Tan pronto consiguen lo que quieren, hacen luz de gas a la otra persona hasta que crean que el acuerdo nunca existió o que era diferente de lo que recuerdan y entonces les manipulan para que crean que no tienen que cumplir su parte del trato. Con frecuencia, el manipulador acorralará a la otra persona en una posición donde les es imposible echarse atrás o retirar su oferta, dejándoles con los dolorosos efectos de que otra persona se haya aprovechado de ellos.

La mejor forma de protegerse para evitar que se aprovechen de usted, robándole el mérito, es sintiéndose orgulloso de su trabajo y haciéndose responsable de los acuerdos que hace. Si acepta hacer algo por alguien, guárdese las espaldas y asegúrese de que no hay fisuras o tecnicismos que puedan usar para timarle su recompensa. Nunca deje que otra persona se aproveche de usted y asegúrese de que siempre protege su derecho a hacerse oír y hacerse responsable de su propio trabajo. Si descubre que alguien se está aprovechando de usted, cree la oportunidad para terminar esa conexión para que pueda rodearse de gente que no sea manipuladora y cruel. No se crea lo encantadora que es una persona, deje todo por escrito, y protéjase, aunque no parezca necesario. Nunca sabe cuándo se van a aprovechar de usted. Recuerde, una persona manipuladora o maquiavélica rara vez parece una persona peligrosa hasta que está demasiado sumido en su juego.

La gente hace las cosas por sus propios motivos, no los nuestros

A la gente le mueven sus propios deseos internos, no los deseos de los demás. Incluso en ocasiones en las que parece que a alguien le motivan los deseos de otra persona, la fuerza subyacente es en realidad sus deseos y razones. Por ejemplo, si conoce a un ser querido que fuma y usted quiere que dejen de fumar porque tiene miedo a perderlo por el cáncer. Si usted se pasase cada visita diciéndoles lo peligroso que es fumar y pidiéndoles que lo dejasen porque no quiere perderles, probablemente no dejarían de fumar porque esta razón no es lo suficientemente relevante como para motivarles. Aunque es una causa sincera y amable, simplemente no es *su* razón. Por tanto, no se sienten motivados personalmente por ello. Sin embargo, si esta misma persona enfermara y descubriera que fumar es la principal causa de su enfermedad y quisieran superarla, podrían ver esto como lo suficientemente relevante para motivarles a dejar de fumar. La diferencia clave aquí es que están motivados por algo que es relevante para ellos personalmente, en vez de algo que es importante para usted.

A menudo, si la gente intenta hacer cosas que son importantes para otra persona, pero no para ellos mismos, les será difícil seguir comprometidos con esa causa. Esto no es porque no les importa la gente a su alrededor o sus opiniones, sino que simplemente no están lo suficientemente motivados personalmente como para cambiar por completo su comportamiento. Lo mismo pasa con casi todo el mundo. La gente hace cosas por sus propios motivos, y no por los nuestros.

Los manipuladores se dan cuenta de que necesitan apelar al interés propio de la gente cuando les están reclutando para sus juegos engañosos, de manera que usan este conocimiento para hacer como si fuera la idea de la otra persona en vez de la suya propia. Así es cómo un manipulador puede esconder el hecho de que han orquestado todo porque hacen como si la otra persona hubiese llegado a esa conclusión por sí misma. Este tipo de manipulación es especialmente difícil de reconocer y superar, ya que la gente no quiere admitir que ha sido manipulada o que tomaron una decisión personal para apoyar a alguien en una agenda turbia. Por esa razón, la mayoría de la gente que es manipulada ni si quiera se dará cuenta, y si creen que han sido manipulados, intentarán justificar su situación o esconderla para evitar que les pillen. Admitir que han sido manipulados y que sus acciones han contribuido a algo malo sería doloroso, así que, en muchos casos, el individuo manipulado esconderá la manipulación tan bien que ni ellos la podrán ver. Esto no significa que no están al tanto de ello, sino que han encontrado una forma de justificarla mentalmente o afrontarla para evitar sentir el inmenso dolor o vergüenza que deriva de admitirla.

La gente en el poder sabe que apelar al interés propio le permite a esa persona sentir que han tomado la decisión por sí mismos y, así, deriva el desarrollo del razonamiento personal. En otras palabras, con las tácticas de manipulación adecuadas, cualquier persona puede formular una razón por la que harían algo, aunque ese algo sea aparentemente algo poco característico de quienes son. Los manipuladores o gente que se involucra en cosas como el poder maquiavélico se aprovecharán de esta información y animarán a la gente a elaborar sus propias razones de por qué razón se están involucrando en dicho comportamiento.

Un líder maquiavélico o un manipulador apelará a sus intereses personales intentando, primero, conseguir entender qué valora usted y qué le importa en su vida. Normalmente, la mayoría de la gente tiene valores básicos bastante estándares: familia, felicidad, libertad económica y salud. Sin embargo, cada persona tendrá su propio conjunto único de valores. Un manipulador identificará de forma experta estos valores escuchándole hablar y prestando atención a lo que más habla, especialmente cuando empieza a exhibir muestras de pasión o profundo interés. Entonces, usarán esos valores para manipularle para que formule sus propias razones referentes a por qué debería comportarse de la forma en la que quieren que se comporte usted.

Por ejemplo, su jefe quiere que empiece a contribuir más en el trabajo, pero no está en la posición económica de ofrecerle más dinero. A lo mejor usted ha rechazado esta posición más avanzada porque no está interesado en trabajar más si no supone un aumento de sueldo. Si su jefe fuese un líder maquiavélico y supiese que usted valora aflojar el ritmo y vigilar su salud, probablemente diría algo como: "Qué pena. Me imagino que a su edad podría beneficiarse de hacer menos trabajo físico y pasar más tiempo relajándose en una oficina nueva". Esto puede provocar que piense que debe aceptar ese puesto debido a los beneficios de poder estar más tiempo sentado y descansar los pies. En realidad, acabaría trabajando más, aunque fuese menos físico y puede acabar suponiendo un incremento en sus niveles de estrés. Sin embargo, la forma en que su jefe lo plantea le lleva a pensar que tiene razones personales por las que considerar la oferta, llevándole a que probablemente cambie su respuesta por un "sí" en vez de quedarse con su "no" original.

La mejor forma de evitar que alguien le manipule a través de su propio sentido de la razón es asegurarse de que desarrolla una conciencia sobre sí mismo y de que tiene un profundo entendimiento de lo que de verdad le importa y por qué. Cada vez que alguien le plantee opciones o una decisión, tenga siempre en cuenta sus valores y considere sinceramente lo que le importa a usted y qué opción verdaderamente satisface sus necesidades. Siempre tenga en mente sus objetivos a largo plazo. La mayoría de los manipuladores intentarán manipularle asumiendo que usted solo considerará el beneficio inmediato y que no considerará las consecuencias a largo plazo que se pueda encontrar si no consigue esos beneficios. Al prestar atención a lo que puede ganar (o perder) en el futuro, se otorga la oportunidad de considerar genuinamente todos los pros y contras de cada decisión que tome y escoja basado en lo que satisface sus necesidades en vez de lo que satisface las necesidades de otra persona.

También puede protegerse teniendo en cuenta lo que dice otra persona y considerar sinceramente la naturaleza de por qué lo está diciendo. Por ejemplo, con la situación anterior, su jefe no estaba preocupado por su salud, quería que aceptase su oferta y estaba intentando manipularle para que la aceptara. La naturaleza de su opinión no era sincera ni considerada respecto a sus necesidades, sino que estaba basada en las necesidades de su jefe y estaban encaminadas a moldear su opinión. Cada vez que experimente que pasa algo como esto, piense de forma crítica sobre la situación y realice tareas de detective sobre la misma oferta. Lo más probable es que su decisión no sea realmente buena para usted, sino que, en cambio, haya sido ofrecida por la otra persona esperando conseguir algo de usted, sin importar si usted quiere, o no, ofrecer eso en primer lugar.

La gente rara vez cambia de parecer, aunque les demuestren que están equivocados

Otra forma en la que los manipuladores usarán su razonamiento en su beneficio es conseguir que se apunte a sus planes sabiendo que es poco probable que usted se eche atrás una vez ya se haya comprometido. Hacer que alguien cambie de parecer es mucho más difícil que conseguir que tomen una decisión inicial, ya que la mayoría de la gente se mantiene fiel a su juicio inicial sobre algo, aunque se presente información alternativa o negativa más tarde. Este se debe a que defender la postura de sus creencias originales le mantiene unido con el grupo con el que se identifica ahora. Por ejemplo, si es republicano, pero se da cuenta de que los demócratas representan mejor sus creencias, puede que siga apoyando a los republicanos, aunque sepa que no representan sus mejores intereses, pero no quiere perder *su grupo*. La psicología ha demostrado que mantenerse conectado con su grupo escogido en realidad estimula las vías de recompensa en su cerebro. De igual manera, intentar salirse de su grupo seleccionado, aunque desee unirse a un nuevo grupo, puede desencadenar las mismas respuestas que producen los síntomas del síndrome de abstinencia. Esto significa que su cerebro está literalmente configurado para que sea fiel a su decisión original, aunque ya no piense de la forma en la que lo hacía antes. Cambiar de parecer y escoger un nuevo camino, grupo o etiqueta con la que identificarse, al final requiere que esté dispuesto a sufrir esos síntomas dolorosos para que pueda ajustar su perspectiva y escoger una nueva opción.

Para la mayoría de la gente, en vez de intentar soportar las penurias de cambiar de opinión, se sumergen en lo que se conoce como disonancia cognitiva. La disonancia cognitiva ocurre cuando sus creencias son contradictorias; creando, por tanto, una disonancia entre ellas. Por ejemplo, si usted cree que todo los ricos son malos, pero a la vez cree que tiene que ser rico para tener una buena vida, experimentará disonancia. Su cerebro, como es natural, intentará eliminar la disonancia porque esta crea caos y malestar en sus pensamientos. Usted, o seguirá siendo pobre y vivirá una mala vida o conseguirá ser rico y convertirse en una mala persona. Ninguna de las dos opciones es apetecible, de manera que su cerebro intenta superarlo. Su cerebro aguanta creando cambios lo más pequeños posibles para mantener su sistema de creencias y dejarlo lo más cerca posible de lo normal. Por esta razón, es poco probable que su opinión sobre sus dos creencias básicas cambie. Probablemente continúe pensando que ser rico significa ser una mala persona y que ser pobre significa que está viviendo una mala vida. En vez de cambiar por completo sus creencias esenciales, es más probable que desarrolle un nuevo valor, como uno que diga que ser una mala persona no es necesariamente algo tan malo, o que vivir una mala vida no suena tan mal como parece. Estas nuevas creencias están diseñadas para compensar la disonancia mientras que le permiten seguir cumpliendo con sus ideas originales. A través de este comportamiento subconsciente, usted puede evitar tener que cambiar completamente sus creencias y opiniones para que pueda seguir pensando de la misma forma que siempre lo ha hecho mientras que crea la oportunidad de sentirse bien sobre usted mismo y sus decisiones.

La gente manipuladora sabe que una vez ha tomado una decisión, es poco probable que cambie de idea. En cambio, es probable que cree nuevas creencias u opiniones para apoyar su posición actual. Esto es muy parecido a lo que pasa cuando escoge con las emociones y apoya con la lógica; usted tomará una decisión y después, subconscientemente, buscará lidiar con su decisión fabricando hechos que la respalden y así le permitan sentirse bien con sus creencias. Esto significa que si un manipulador consigue que diga sí o le apoye para algo, aunque después descubra que es una mala persona o que sus motivaciones eran pobres, es poco probable que les dé la espalda. El proceso de cambiar de opinión requiere que admita que su idea inicial era errónea y que, por un periodo de tiempo, estaba apoyando algo que era infructuoso o que incluso podía haber ido en contra de sus valores esenciales. Hacer esto puede ser emocionalmente doloroso y puede venir acompañado de sentimientos como la vergüenza, deshonra, culpa y miedo. La mayoría de la gente quiere evitar estos sentimientos, de manera que simplemente continúan con su opinión inicial y, en realidad, nunca cambian de parecer.

Una persona manipuladora primero usará la información en su beneficio presentándole información seleccionada para convencerle de lo que necesite que haga por ella. Normalmente, no le dirá nada negativo sobre la situación hasta después de que haya acordado apoyarla o respaldarla en su decisión. Incluso entonces, una verdadera persona maquiavélica solo le presentará la mínima cantidad de información negativa. Es más probable que sea apuñalado por la espalda con las partes negativas más tarde antes de que realmente un maquiavélico se las cuente, a no ser que sea un pedazo de información necesaria.

Sabiendo que los manipuladores y la gente que usa el poder maquiavélico usan su lógica y su razonamiento de esta forma, significa que puede protegerse permitiéndose cambiar de opinión. Si se da cuenta de que ha estado apoyando a alguien y descubre más tarde que están errados o son malos, no continúe apoyándoles porque le asusta admitir que lo sabe. En cambio, permítase estar dispuesto a admitir su error e informarse sobre cómo hacerlo mejor de ahora en adelante. Ser abierto y honesto con usted mismo y reservarse el derecho a cambiar de parecer significa que si se encuentra en la situación de darse cuenta de que está apoyando a un manipulador o a un maquiavélico, usted puede parar y alinearse con alguien o algo que realmente apoya sus valores.

Otra forma de evitar que este tipo de manipulación surta efecto en usted es reconocer cualquier momento en el que usted produce nuevas creencias u opiniones que usa para respaldar sus valores esenciales actuales. Si piensa que está trabajando demasiado duro para respaldar sus actuales creencias por tener que compensarlas y justificarlas constantemente, puede que sea porque en este momento no le funcionan de la forma en la que deberían. Reflexionar seriamente sobre sus creencias y cómo pueden estar representando de forma equivocada su honesta opinión, es la mejor forma de asegurarse de que no está aferrándose a creencias que no le representan de forma precisa. Una vez haya abordado estos valores desviados, usted puede empezar a cambiar su perspectiva al nivel de sus creencias originales; permitiendo, por tanto, que se mantenga en control de su punto de vista para prevenir que siga ciega y lealmente a los manipuladores por caminos no deseados.

La gente toma decisiones según sus emociones y las justifica con hechos

A la gente le mueven sus emociones, no los hechos. Aunque la información objetiva es importante para mucha gente, la mayoría primero tomará una decisión basada en sus emociones y posteriormente buscará la información verídica necesaria para justificar su decisión. Mucha gente usa esta información en su beneficio a la hora de influir el comportamiento de otras personas, especialmente en el mundo corporativo. No es poco común que agentes de ventas y líderes corporativos le digan exactamente lo que quiere oír primero, interesando a sus emociones y animándole a sentirse bien tomando una decisión. Entonces, seguirán con hechos que refuercen esas emociones para que realmente esté involucrado con esa decisión y sienta que es lo correcto para usted. En la mayoría de los casos, la gente hará poco a la hora de usar información verídica, a no ser que esos hechos apoyen directamente su toma de decisiones emocional. Saben que si consiguen que esté de acuerdo emocionalmente con lo que quieren o necesitan de usted, entonces usted producirá por sí mismo los hechos para justificar su elección.

No todos usarán la toma de decisiones emocional en su contra, pero la realidad es que esta es una de las habilidades más conocidas y enseñadas en industrias como las ventas y el *marketing*. Por esa razón, es importante que entienda cómo es vulnerable desde esta perspectiva y qué puede hacer para evitar ser embaucado por alguien que puede estar intentando usar esta vulnerabilidad para aprovecharse de usted.

El comportamiento de decidir con emoción y justificarlo con hechos es en realidad un ciclo psicológico fascinante que funciona de una forma increíble. Es especialmente común en ventas, aunque puede pasar en prácticamente cualquier decisión que necesite tomar en su vida, como escoger con quién casarse o qué amigos quiere conservar en su vida. El ciclo primero se inicia cuando experimenta una fuerza subconsciente o intuitiva para decidirse por una cierta dirección sobre algo, como cuando va a una tienda y siente el impulso de comprar un determinado par de zapatos que le gustan. Entonces, una vez este impulso intuitivo emerge, su mente consciente inmediatamente empezará a buscar razones racionales por las que debería comprar esos zapatos. Una vez haya descubierto algunas razones racionales que puede defender, el círculo se completará: esas razones se usan para justificar su señal emocional, de manera que sigue adelante y completa la compra.

La razón por la que este ciclo puede ser tan peligroso es que la mayoría de la gente no es consciente de ello o no lo admite. De hecho, mucha gente, empresas o especialistas de *marketing* que están intentando que tome una decisión apelarán a su mente racional en vez de a su mente emocional, intentando que usted justifique su decisión de forma racional. Como resultado, es bastante sencillo sentir que está en control, ya que, mentalmente, usted está tomando la mayoría de sus decisiones desde su mente racional, permitiéndole darse cuenta de cosas como "no, no quiero gastarme ese dinero" o "no, realmente no necesito eso" o "no, en realidad no estoy interesado en hacer eso". Tan pronto como dejan de apelar a su mente racional, sin embargo, pasa a ser mucho más difícil para usted mantenerse en control. La gente manipuladora lo sabe.

A diferencia de aquellos que intentan apelar a su mente racional, los manipuladores intentarán apelar a su mente emocional. Saben cómo estimular emociones específicas, o sueños de emociones específicas, dentro de su mente, para que empiece a experimentar esa fuerza intuitiva a decir sí o aceptar lo que le han ofrecido. Así es cómo muchos políticos, vendedores y manipuladores expertos han atraído a grupos de gente tan grandes y aumentado el número de seguidores leales. Lo hacen apelando a las emociones de su público objetivo y ofreciendo cosas que le hacen *sentirse* bien a su público. Después, justifican sus decisiones con hechos para ayudar a su público a sentir que la decisión que han tomado tiene sentido. En muchos casos, esos hechos ni siquiera están completos y, a veces, ni son completamente relevantes respecto al tema tratado. Sin embargo, debido a que ya han conseguido que sus seguidores estén de acuerdo a un nivel emocional, pueden mantener el acuerdo y apoyar a su público para que se sientan bien sobre ello con pequeñas cantidades de hechos para mantener sus mentes racionales en paz.

Este tipo de manipulación es especialmente común en relaciones personales, como aquellas entre amantes, amigos o familiares. En estas relaciones, usted tiende a sentir una conexión emocional con la otra persona que le deja continuamente buscando razones lógicas para justificar su deseo de permanecer en la relación, aunque sea tóxica para usted. Esta es la razón por la que mucha gente se siente atrapada en relaciones tóxicas o peligrosamente abusivas, ya que sus emociones juegan a favor de la persona tóxica o abusiva y su lógica continuamente busca sostener su decisión de quedarse. La gente abusiva sabe esto y a menudo lo usa como método para manipular a la gente para que se quede en relaciones con ellos, incluso aunque la otra persona sea consciente de ello. Este es el motivo por el que, incluso la gente que no se considera particularmente vulnerable a relaciones abusivas, pueden ser atadas y victimizadas por el abuso: porque nadie es completamente inmune a esta forma de manipulación.

La mejor forma en la que puede protegerse contra ser arrastrado a tácticas manipulativas a través de sus emociones es tomándose las cosas con más calma y pensar críticamente sobre todo en lo que se está involucrando cuando su interés inicial estaba basado en emociones. Siempre que se sienta emocionalmente sobrecargado como para tomar una decisión, especialmente si esa decisión parece demasiado buena para ser cierta, pare y permítase un momento para pensar racionalmente y buscar hechos objetivos relacionados con la decisión que está esperando tomar. Considere sinceramente si va a ser una buena decisión para usted o no, y después tome la decisión basada en su pensamiento racional, incluso aunque parezca difícil o incómoda. Si siente que sinceramente no puede hacerlo, primero busque hechos honestos y después compruebe esos hechos determinando cómo se sentirán sus emociones a largo plazo. Por ejemplo, si tiene miedo de terminar una relación tóxica porque está asustado de estar solo y de que nunca más volverá a ser feliz. Siendo realistas, esto no es verdad, y esto es solo su mente emocional intentando controlar su lógica. Reconociendo que realmente puede rodearse de gente positiva y sentir una sensación de felicidad mucho mayor después de terminar una relación tóxica (ya que tendrá más energía para contribuir a otras relaciones en su vida), esto se convierte en una decisión mucho más fácil. Siempre busque tomar sus decisiones de la forma más objetiva posible y esté dispuesto a tener en cuenta alternativas y el futuro a largo plazo si le está costando tomar una decisión que realmente va a ayudarle a sentirse lo mejor posible.

La gente quiere pensar que pueden controlar sus vidas

Como humano, usted nunca quiere sentirse como que no tiene control sobre su vida o las decisiones que toma. Por esta razón, usted intentará evitar tomar decisiones respecto a cosas sobre las que piensa que no tiene una opción real. Puede que se haya dado cuenta de que cada vez que pasa tiempo con otro humano que es particularmente controlador, siente que no era grato pasar tiempo con esa persona y puede que incluso haya terminado la relación. Esto se debe a que pasar tiempo con esta persona le arrebató su sensación de control y la experiencia en general era incómoda.

Mantenerse en control sienta bien, ya que se siente como libertad, y la libertad es algo que los humanos anhelamos. No nos gusta que nos restrinjan por los sentimientos de presión o sentir que ya no podemos tomar nuestras propias decisiones. Estos tipos de sentimientos pueden provocar miedo y malestar. Esta es la razón por la que el mundo occidental entero está construido sobre el concepto de *libertad*. Siendo realistas, no somos libres, pero pensamos que lo somos porque tenemos el poder de tomar muchas de nuestras propias decisiones vitales, como dónde vamos a trabajar, dónde vamos a vivir y con quién nos casaremos.

Si fuésemos realmente libres, seríamos capaces de hacer cualquier cosa sin experimentar ninguna repercusión negativa por nuestras decisiones. Naturalmente, esto tendría consecuencias muy serias. En una sociedad verdaderamente libre, alguien podría cometer un crimen serio y nunca ser juzgado por sus acciones, ya que tenía la libertad de comportarse de esa manera. Por tanto, los países con una democracia producen una sensación de libertad operando una estructura que nos da opciones. Al tener una sociedad forjada en opciones, sentimos como si estuviéramos experimentando libertad, pero lo que realmente estamos viviendo es la oportunidad de escoger entre una serie de opciones controladas. En otras palabras, nuestra vida está construida por preguntas tipo test donde las respuestas son limitadas, pero igualmente nos ofrecen opciones.

Idealmente, una sociedad forjada de esta forma todavía debería poseer una cantidad de libertad bastante saludable porque la gente todavía puede tomar abundantes decisiones sobre sus vidas. Desgraciadamente, construir una sociedad de esta forma también puede conllevar muchas dificultades cuando solo un número selecto reducido está a cargo de las decisiones que podemos tomar. Estas limitaciones y dificultades tampoco están restringidas a sociedades y gobiernos. De hecho, las decisiones controladas se usan de formas muy diferentes en la sociedad. Por ejemplo, cada vez que se pasea por una tienda y va a comprar algo, usted se enfrenta a decisiones controladas basadas en el número de productos disponibles para usted y, aunque estos artículos varían, esta variación es restringida. Por ejemplo, puede haber un número de colores reducido o un número de variaciones limitadas creadas para cada estilo de ropa que están disponibles para que usted compre. En esta circunstancia, parece que usted tiene opciones, pero, en realidad, estas opciones están controladas o limitadas. Hay solo un número determinado de opciones entre las que escoger.

Esto puede parecer un tanto manipulador o restrictivo, pero, en muchos casos, este tipo de práctica de control de decisión no pretende ser manipulador. En la mayoría de las circunstancias, el número limitado de opciones está basado en el hecho de que simplemente sería demasiado difícil ofrecer absolutamente todas las opciones. Por ejemplo, una única tienda de ropa simplemente no puede ofrecer cada uno de los estilos de ropa en todos los colores existentes. Esto sería caro e insostenible, así que es algo que las empresas de ropa no ofrecen. Lo mismo pasa con la política: intentar ofrecer cada opción posible sería casi imposible. Asimismo, ofrecer demasiadas opciones deja a la gente con dificultades para tomar decisiones, ya que hay simplemente demasiadas cosas a tener en cuenta, de manera que terminan abrumando. En la situación en la que quiere que la gente compre algo o vote por algo, tener demasiadas opciones impide la habilidad de su público para tomar una decisión, dejándole con dificultad para conseguir ventas o llegar a una conclusión sólida. Por esa razón, las decisiones controladas son en realidad una solución productiva y puede ser extremadamente útil en la mayoría de las circunstancias.

Igualmente, hay muchas ocasiones donde la gente puede usar el proceso de decisión controlado como forma para manipular a otra gente para que tomen la decisión basada en las preferencias del manipulador. Hay un dicho que dice: "si consigue que el pájaro se meta por si mismo en la jaula, su canto será mucho más bello". En otras palabras, si un manipulador consigue que usted decida hacer algo por su cuenta, no solo usted acabará haciéndolo, sino que además lo hará bien porque cree que fue su elección el llegar hasta ahí. Sabiendo esto, los manipuladores combinarán las decisiones controladas con otras tácticas, como jugar con sus emociones, para conseguir que decidan a su favor. Mediante este tipo de comportamiento, pueden decir sinceramente que usted está haciendo únicamente lo que acordó hacer y que usted tomó tal decisión porque era la decisión adecuada para usted. Es difícil ir contra esta lógica, ya que raramente existe una forma de probar que usted fue manipulado para creer que esa decisión fue su decisión cuando en realidad nunca habría llegado a esa conclusión por su cuenta. Puede desembocar en sentimientos de baja autoestima si se encuentra preguntándose por qué y cómo acabó presa de esta manipulación. Mucha gente que ha sido manipulada de esta forma se suele preguntar cosas como "¿por qué nunca puedo tomar una decisión decente?" o "¿por qué soy tan estúpido?" porque el manipulador le lleva a creer que no hubo ningún tipo de manipulación, aunque la hubiese. Si esto pasa lo suficientemente a menudo, su autoestima y su valoración de sí mismo disminuyen y se hace incluso más fácil para ellos manipularle, porque ya no confía en usted mismo o en su capacidad para tomar decisiones.

En muchos casos, no hay mucho que pueda hacer para evitar las repercusiones de las prácticas manipulativas de control de decisiones. Por ejemplo, no puede obligar a una tienda a ofrecer más productos o forzar a un gobierno a comportarse de una forma específica que es más considerada con la gente a la que se supone que debe cuidar. Aunque estos cambios pueden producirse, a menudo llevan tiempo y persistencia. Para que ocurran, un número de personas tendrán que unirse al carro de estos mismo objetivos y trabajar juntos para presionar a empresas o gobiernos para que cambien las opciones disponibles para que estas sean favorables. Esto puede ayudar a minimizar la cantidad de manipulación negativa que tiene lugar y optimizar el sistema de toma de decisiones controlada para funcionar en favor de la gente que se supone debe servir. Aún así, incluso con un gran número de gente de acuerdo, puede llevar tiempo y presión constante para conseguir que estos cambios ocurran.

La mejor forma de evitar ser sometido a este tipo de comportamientos manipuladores es reconocerlos cuando están ocurriendo y educarse sobre las opciones disponibles para usted y qué derechos tiene en su posición. Si está siendo expuesto a decisiones controladas manipuladoras por alguien o algo que pueda evitar, eludir a esa persona o lugar puede ser su mejor opción para evitar ser manipulado. Sin embargo, si está siendo forzado a tomar una decisión, tome una decisión que vaya a funcionar en su mejor interés y después, si realmente significa algo importante para usted, aprenda sobre cómo puede contribuir a hacer un sistema mejor para que sus opciones sean más razonables en el futuro.

También debería tener cuidado de cualquiera que esté intentando presionarle para tomar decisiones dándole opciones limitadas, especialmente cuando estas opciones limitadas no parecen favorables, y la decisión se está practicando con presión. Por ejemplo, imagine que alguien está intentando venderle algo y le presentan solo dos opciones. Según le presentan estas dos opciones, empezarán a aplicar una presión importante y empezarán a bombardearle con razones por las que una opción es mejor que la otra. Es probable que este tipo de caso incluya manipulación, ya que esta persona está intentando presionarle para que sienta que sus únicas opciones son comprar una o la otra. Al bombardearle con información y aplicar presión, están intentando animarle a olvidar que decir *no* también es una opción. A través de esta táctica, pueden conseguir que compre algo de ellos, aunque no lo necesitase ni lo quisiese en un principio. Este tipo de comportamiento es manipulador y puede desembocar en que tome decisiones indeseables porque usted piensa que no tiene ningún control sobre la situación. Para evitar este tipo de experiencias, lo mejor que puede hacer por usted es recordar que *no* siempre es una opción y empoderarse para decir *no* cuando las opciones que se le presentan no son razonables. De esta forma, puede evitar tomar decisiones no deseadas cuando está estresado porque recordará cómo retomar el control y tomar decisiones racionales que realmente encajan con sus necesidades o deseos.

La gente quiere formar parte de algo más grande que ellos

A los humanos les motiva su necesidad de ser parte de una comunidad. Nuestro anhelo de amor, aceptación, y compañía nos mantiene constantemente buscando algo de lo que formar parte. La mayoría de nosotros no nos sentimos *completos* a no ser que seamos parte de algo más grande que nosotros mismos, a menudo en línea con un grupo más grande de gente. Esta es la razón por la que mucha gente apoya cosas como las religiones y culturas, porque estas son oportunidades de ser parte de algo más grande. Juntos, la comunidad se une para ser parte de algo importante, a menudo involucrando tradiciones como una forma de mantenerse trabajando hacia algo que tiene un propósito. Basado en esta necesidad o ley de comportamiento particular, la gente se siente atraída hacia varios grupos que son más grandes que ellos mismos y que están en línea con sus creencias y valores esenciales.

El tipo de poder que originalmente tiene la intención de manipular a la gente basado en esta naturaleza humana son los charlatanes. En un principio, los charlatanes se centraban en crear pequeños grupos en torno a ellos mismos y después les vendían cosas como elixires mágicos que prometían que concedían bendiciones como inmortalidad y salud superior. Un día, se tropezaron accidentalmente con esta ley de la naturaleza humana cuando vieron que los grupos a su alrededor se hacían más y más grandes. Tal y como descubrieron, cuanto más grande se hace el grupo, más poderosos son capaces de ser. De hecho, se vuelven tan poderosos que incluso cuando la gente se da cuenta de que sus elixires a menudo son falsos, sus otros seguidores leales les defienden y protegen frente a los descreídos.

Cualquier deficiencia en sus ideas será escondida por la masa de seguidores y la devoción que sus *fans* tienen por ellos y sus *habilidades*.

Durante muchas décadas, los charlatanes aprendieron a refinar y proteger el arte de formar grandes multitudes y lo harían de nuevo, una y otra vez, moldeando sus muchedumbres en leales seguidores y convirtiéndoles en una secta. Una vez las mentes de sus seguidores han sido moldeadas, el charlatán es capaz de mantener su poder y control y puede garantizar que podría llevar una vida próspera y abundante que será protegida por sus seguidores.

Como puede ver a través del charlatanismo, usar esta ley humana básica en la forma de manipulación puede resultar rápidamente en cantidades masivas de gente barrida y arrastrada por la corriente antes de que incluso sepan lo que les está pasando. En la mayoría de los casos, esta gente bien intencionada no tiene ningún deseo de formar parte de una secta, pero en cambio, están siguiendo simplemente su necesidad subconsciente de ser parte de algo más grande que ellos mismos. Acaban en sectas cuando no pueden entender las tácticas del charlatán o del líder de la secta y, a menudo, no tienen ni idea de que están dentro de una secta en primer lugar. Esto es porque han sido manipulados con éxito por el líder para creer que están haciendo algo por el bien común de la sociedad y creen que nadie que esté haciendo lo mismo puede ser peligroso, malvado o simplemente estar equivocado.

Para evitar ser víctima de esta peligrosa forma de manipulación, usted debe entender cómo funciona el charlatanismo y cómo estos individuos pueden usar la manipulación para liderar a gente para formar una secta en torno a ellos. Es importante que se dé cuenta de que las sectas no siempre se parecen a la imagen que tenemos de lo que puede ser una secta. No siempre se trata de pagar dinero para unirse al grupo y seguir ciegamente al líder mientras que una persona claramente se aprovecha de la ignorancia de los demás. Las sectas son de todas las formas y tamaños y no siempre siguen la misma estructura obvia que las sectas tradicionales. Por ejemplo, a muchas personas y marcas famosas podrían considerarse como líderes de sectas porque amasan cantidades masivas de seguidores que creen profundamente en ellos y su propósito y que les defenderán pase lo que pase. Incluso cuando esa persona o marca hace algo *malo* o *equivocado*, sus seguidores encontrarán una forma de justificarlo y esconderlo para que no arriesguen perder su conexión con la comunidad de la que están rodeados.

La mejor forma de entender cómo funcionan los charlatanes y las sectas es entender cómo se construyen. Esto no es para que usted vaya ahora a desarrollar su propia secta, sino para que pueda entender la metodología detrás de estas y evitar ser arrastrado a una y crear inmunidad a las tácticas de manipulación que utilizan. Al tener un profundo entendimiento de los cinco pasos utilizados para construir una secta, usted puede informarse sobre cómo son estos pasos y evitar ser embaucado por ellos.

El primer paso para construir una secta es atraer la atención y aumentar el interés de la gente que pueda estar dispuesta a unirse a una secta. La mayoría de la gente hará esto, no a través de acciones transparentes, sino a través de palabras engañosas que no explican completamente todo lo que debería saber. Normalmente, intentarán mantener la cantidad de información que se ofrece bastante reducida y lo que digan será bastante vago para que parezca que son brillantes, pero, en realidad, no están compartiendo nada revolucionario o diferente. En cambio, simplemente están usando la manipulación para inspirar su interés y que tenga curiosidad sobre lo que están haciendo y por qué parece que les está funcionando tan bien. A menudo, lo que sí comparten estará más centrado en los resultados y, especialmente, los sentimientos y visiones de una fantasía colorida que saben que otra gente quiere experimentar. Saben que a medida que se va involucrando emocionalmente, usted verá lo que quiere ver y, como ahora sabe, usted sacará conclusiones lógicas por sí mismo para cimentar su apoyo y mantener su interés. La mejor forma de evitar ser manipulado por este tipo de acciones es preguntar por detalles muy específicos y ver cómo responde el embaucador. Si están intentando manipularle, les costará sacar una respuesta significativa o directa a sus preguntas, demostrando que usted está, en efecto, siendo engañado por ellos y sus formas insustanciales. Siempre asegúrese de que cuestiona todo y sea muy crítico sobre la claridad de las respuestas que le ofrecen. Si hay algo que no cuadra para usted, no intente buscarle sentido. En vez de eso, pase página y dese cuenta de que probablemente no hay ningún sentido lógico para eso, ya que toda la oferta está basada en la manipulación.

Una vez un charlatán le ha atraído con interés basado en información vaga, siempre usarán el proceso de venderle a través de descripciones visuales y sensuales en vez de intelectuales. Esto es porque un embaucador no quiere que usted se aburra o empiece a pensar de forma crítica. Usted se dará cuenta de que hay muchos defectos en su oferta. Por esa razón, si descubre que una persona está constantemente compartiendo con usted imágenes de ensueño y fantasías elegantemente formuladas, pero nunca se adentra en el *porqué* y el *cómo* del asunto, tenga cuidado. Lo más probable es que el razonamiento es muy gráfico y los beneficios que puede obtener son minúsculos, si es que hay alguno.

Otra táctica que algunos charlatanes intentarán usar para producir sus resultados deseados es tomar prestadas formas de religiones organizadas y otros grupos organizados para enmascarar su poder real. Por ejemplo, en algunos cultos religiosos, el líder no se referirá a sí mismo como un dictador, aunque esté liderando al grupo con un estilo de liderazgo dictatorial. En cambio, se refiere a él mismo como un *cura, gurú* o *chamán* o cualquier otra palabra que pueda usar para esconder lo que realmente está intentando hacer. Es importante que usted entienda que no todo el mundo que se identifica con estas etiquetas está realmente intentando manipularle: muchos que reclaman que se identifican con estas etiquetas verdaderamente lo hacen. Sin embargo, si encuentra a alguien usando este tipo de etiquetas mientras que también se identifican con otras cualidades de charlatán, tenga cuidado. Lo más probable es que estén intentando manipularle.

El cuarto paso, a la hora de crear una secta como un embaucador, es enmascarar su verdadera fuente de ingresos y hacer como si usted fuese muy rico por cuestiones de suerte o azar y no porque saca el dinero directamente de sus seguidores. Si ve que alguien se está rodeando de lujo y alardeando de su riqueza sin explicar nunca claramente de dónde sale o que la obtiene de una fuente poco sólida, como la venta de productos de baja calidad de los que nunca ha oído hablar, tenga cuidado. Lo más probable es que el dinero venga de estafar a gente y tomando dinero directamente de sus seguidores y que realmente no tiene nada que ver con su estructura propuesta. Si no puede mostrar claramente de dónde viene su riqueza y cómo se produce, probablemente esté intentando usar métodos ostentosos del charlatanismo para encubrir el hecho de que su riqueza viene de sus seguidores.

Por último, el embaucador siempre intentará crear un sistema de *nosotros contra ellos* dentro de sus grupos que parecerá dejar siempre a su grupo en desacuerdo con el resto del mundo. Si un charlatán manipulador le está embaucando, lo sabrá porque siempre intentarán distorsionar subliminalmente la dinámica de sus seguidores para animarlos a dividir a su culto respecto al resto del mundo. Con esta dinámica, el charlatán sabe que será protegido fielmente por el hecho de que un humano nunca cambiará su mentalidad porque no quiere perder a su grupo. Por tanto, protegerán apasionadamente al embaucador para proteger su posición y mantenerse estrechamente vinculado con el grupo con el que se han ido identificando poco a poco, aunque no tenga ninguna lógica o sentido racional para nadie, ni siquiera para ellos.

La gente quiere saber por qué deberían hacer algo en vez de cómo

En nuestra sociedad, la palabra "porque" es una palabra muy poderosa que anima a casi todo el mundo a hacer casi cualquier cosa. Esto es porque la palabra "porque" responde a la pregunta que todo el mundo se hace: "por qué". La gente está profundamente motivada por entender las razones por las que deberían hacer algo, y no por cómo se hace. A la mayoría de los humanos no les importará cómo se les pide que hagan algo mientras que entiendan las razones por las que se les pide, aunque la razón no sea necesariamente significativa o determinante. Los psicólogos teorizan que esto viene de nuestra infancia y del condicionamiento que recibimos de nuestros padres cuando usan afirmaciones como "porque lo digo yo". Por ejemplo, si su progenitor le pidiese que hiciese sus deberes antes de jugar en la calle y usted le dijese "¿por qué?", probablemente le contestase con algo como "porque lo digo yo" o "porque te he dicho que lo hagas". La teoría es que nos acostumbramos tanto a que "porque" significase que no hay otra solución que ya no le prestamos mucha atención a lo que sigue a la palabra "porque".

Nos han condicionado para darnos cuenta de que "porque" significa que es importante y que probablemente no tenemos otra opción. Esto no es porque verdaderamente no haya otra opción, sino simplemente porque hemos sido condicionados a creer que no hay una, o que no merece la pena considerar la otra opción, ya que puede conllevar consecuencias indeseadas. Según todo esto, la mayoría de la gente no prestará realmente atención a lo que se dice después de la palabra *"porque"*, ya que han sido condicionados a creer que no es necesario. La palabra en sí supone que es importante y que necesita hacerse. Esto fue probado por un psicólogo que quería probar si la teoría funcionaba. Lo hizo mandando a una persona a una oficina donde había una fila de gente esperando a usar la fotocopiadora. El primer día, la persona enviada preguntó a la gente formando la fila, "¿puedo usar la fotocopiadora? Tengo que hacer fotocopias". Ese día el 60% de la gente esperando en la fila dijo que sí, aunque todos estaban esperando para hacer lo mismo. Al día siguiente, mandaron a otra persona, que preguntó "¿puedo usar la fotocopiadora porque tengo mucha prisa?" y ese día el 94% de la gente permitió a la persona ir al principio de la fila, aunque todo el mundo estaba esperando para hacer lo mismo. El último día, mandaron a otra persona que preguntó "¿puedo usar la fotocopiadora porque necesito hacer 5 fotocopias?" y en ese día el 93% permitió que la persona se colara en primer lugar, a pesar del hecho de que el razonamiento era bastante irrelevante y no tenía mucho sentido.

Lo que el psicólogo demostró era que la gente estaba un 30% más dispuesta a aceptar algo simplemente porque alguien usó la palabra "porque" para aportar significado a la petición, aunque el significado fuese falaz o flojo. En la mayoría de los casos, esta forma de condicionamiento y conducta humana no supone mucho en su día a día. La mayoría de las cosas que escucha y con las que está de acuerdo no van a tener ninguna forma de impacto negativo en usted. Además, es poco probable que incluso la mayoría de la gente se dé cuenta de este comportamiento, por lo que es muy poco probable que la gente use la palabra "porque" para intentar manipularle para que haga algo que no quiere hacer.

La única vez que la palabra "porque" perderá su impacto en la gente es si el razonamiento es más largo. Si la razón es más larga que una frase corta, es poco probable que la persona que escucha sea engañada, ya que tiene que empezar a escuchar de nuevo para oír lo que realmente está pasando. Por ejemplo, si alguien dice "este acondicionador de pelo es el mejor porque tiene sales del Mar Muerto", probablemente cumpla con lo que le están pidiendo, como comprar el acondicionador. Sin embargo, si le dicen que "este acondicionador de pelo es el mejor porque tiene sales del Mar Muerto, que exfolian su cuero cabelludo y añaden volumen a su pelo para que pueda combatir el pelo lacio y la caspa", lo han alargado demasiado. En este punto, usted ya habrá vuelto a prestar atención y a escuchar activamente de nuevo, por lo que su mente racional está atenta y puede formular una opinión sobre lo que han dicho. Lo más probable es que la opinión le ayude a darse cuenta de que pagar $55 por una botella de acondicionador de marca poco conocida hecha con ingredientes de mala calidad no es ideal y que no le importan las sales del Mar Muerto en la botella. O, si le importan, puede que entonces investigue sus beneficios y averigüe si hay disponibles marcas mejores o a precios más razonables para poder comprarlas. Ambas circunstancias no benefician al vendedor, por tanto, han fallado a la hora de conseguir los beneficios manipulativos de usar la palabra "porque".

Mientras que la mayoría de la gente no es consciente de lo que la palabra "porque" realmente hace a su mente, sigue habiendo mucha gente que está al tanto de este condicionamiento, y lo usarán en su propio beneficio a la hora de conseguir que la gente esté de acuerdo con lo que están pidiendo. De hecho, esta misma técnica se enseña en prácticas como la programación neurolingüística (PNL) para apoyar a los profesionales a ser capaces de hablar directamente a la mente subconsciente para producir los resultados deseados. Mucha gente que educa a otros en estrategias de venta y *marketing* también educan para usar la palabra "porque" como forma de inspirar a la gente a realizar la acción deseada sin darse cuenta de que están siendo manipulados en el proceso.

Saber cómo evitar este tipo de manipulación no deseada básicamente requiere que empiece a prestar atención cada vez que escucha a alguien decir "porque" para que pueda evitar ser manipulado. Asegúrese de que el momento en el que oye la palabra "porque" empieza a pensar críticamente sobre las palabras que le siguen y que con sinceridad evalúa si realmente importan o no. Aunque la otra persona no esté entrenada para darse cuenta de que esto es una forma de manipulación, o si lo están llevando a cabo sin tener la menor idea de lo que están haciendo, usted necesita prestar mucha atención. Si las palabras después de "porque" apoyan una razón falaz o irrelevante, insista para conseguir más información o intentar obtener una razón con más sentido respecto a por qué debería realmente hacer lo que se le pide. Si no tienen una, probablemente no haya una y simplemente estén intentando salirse con la suya mediante la razón en vez del intelecto.

La gente quiere que les traten como si fueran únicos o especiales

A la gente le encanta que les traten como si fueran especiales o únicos de alguna manera, ya que les hace sentirse importantes y alimenta su sentido del ego. A menudo, esto no pretende ser superficial o poco profundo. En cambio, se sienten verdaderamente bien cuando se les trata como si fueran importantes. Sentirse importante a menudo coincide con recibir atención positiva, que es algo que cada humano, desde bebés a ancianos, anhelan. Cuando recibe atención positiva, eleva su autoestima, mejora su confianza en sí mismo y le deja sintiéndose como si fuera capaz de conseguir todo lo que desea en su vida. Cuando alguien le quiere incondicionalmente, le muestra una inmensa cantidad de apoyo, o le trata como si sus talentos fueran algo especialmente único, le hace sentirse *bien*. Empieza a enorgullecerse de lo que hace y puede que incluso haga un poco más para que pueda alardear de sus talentos incluso un poco más y recibir aún más cantidad de atención positiva o alabanzas de la gente que está estimulando estos sentimientos en usted.

Cuando esto se hace de forma saludable, buscar y recibir atención positiva de otros y sentirse importante es fantástico. Sin embargo, este tipo de comportamiento también puede convertirse rápidamente en tóxico y dejarle muy vulnerable a la manipulación. Por ejemplo, en relaciones abusivas, un abusador puede elevarle verbalmente y hacerle sentir especial e importante para que se sienta *muy* bien, para después retirar toda la atención sin ninguna razón aparente para que usted sienta como si hubiera hecho algo malo. En este tipo de relaciones, la atención especial se otorgó solo para que se volviese dependiente de esa persona que le hacía sentir muy bien consigo mismo, dejándole más vulnerable a sus maneras manipuladoras y abusivas.

Esto no solo se hace en relaciones abusivas entre amantes, familiares o amigos. Este tipo de comportamiento manipulador ocurre a diario por gente manipuladora. En muchos casos, los líderes manipuladores usarán este tipo de comportamiento para manipular a su público entero para que se sientan importantes y se conviertan en dependientes de ellos y de la atención que les ofrecen. Lo mismo pasa con las ventas o en individuos corporativos. La gente intenta ganárselo haciéndole sentirse importante y listo y, después, una vez lo consiguen, le manipulan para que les dé lo que quieren y a continuación le abandonan completamente cuando lo hace.

Entre los líderes manipuladores, alguna de las jugadas de poder manipulativo más común que juega con los deseos de la gente de sentirse especial incluyen hacerse los tontos, usar honestidad selectiva y hacer la pelota. A través de estas tres acciones, pueden adular a la gente para que sean más vulnerables a su comportamiento manipulador y, por tanto, el manipulador se puede posicionar perfectamente para conseguir lo que quiera. Si quiere evitar ser manipulado por alguien que le *dora la píldora* mientras le apuñala por la espalda, tiene que estar atento a estos comportamientos y protegerse cada vez que los vea en acción.

Si ve que alguien se hace el tonto, normalmente es obvio porque a menudo pretenden que no saben nada. Esto se hace de forma que usted se sienta superior y que tiene mucho que enseñarles, de manera que siente como si usted fuera importante y como que tiene mucho que ofrecer. Cuando está en esta posición, usted no ve al manipulador como una amenaza, de manera que baja la guardia y no está a la caza de comportamientos manipulativos. Si se percata de que alguien comenta con frecuencia lo listo que es y actúa como si supiera muy poco, tenga cuidado. Esto es especialmente cierto si la situación parece que no cuadra, como si una persona pretende saber menos sobre su propia profesión que usted. A no ser que sean completamente nuevos en su profesión o realmente no les importe, lo más probable es que ya sepan y simplemente estén dejándole pensar que es más listo que ellos para que se sienta importante y sabio. Puede estar tentado de ver esto como una falta de confianza o baja autoestima y, en algunos casos, esto puede ser verdad. Sin embargo, la razón más plausible es que la persona está intentando manipularle y quiere que deje de verlos como una amenaza para que esté en la posición perfecta para ser manipulado con sus tácticas.

También tiene que tener cuidado siempre que escuche a alguien guardarse información e intentando dejar las cosas en el aire o extremadamente específicas. En lo que se refiere a esta forma de manipulación, el manipulador a menudo sabe que usted va a estar a la caza de vaguedad y desinformación. Por esa razón, probablemente sean muy específicos, pero solo con determinadas cosas. Puede que intenten eludir ciertos problemas o controlar la conversación dando muchos detalles sobre algo que es solo parcialmente relevante a la situación que se tiene entre manos. En estas circunstancias, guardarse la verdad rara vez es resultado de que la persona no sea una entendida. En cambio, es más probable que sepan que usted no quiere oír todo lo que tienen que decir, de manera que solo le cuentan las partes que creen que le interesarán.

Por último, si ve a alguien intentando adularle, tenga cuidado. Lo intentarán guardando un equilibrio entre adularle, y no demasiado. Un adulador siempre será muy cauto sobre cuánto le cuentan y cuánto hablan de ellos mismos. Típicamente intentarán que usted hable más sobre usted mismo y mostrarán un gran interés en usted, a menudo compartiendo solo lo necesario sobre sí mismos para que la conversación esté equilibrada. Después de todo, hablar exclusivamente de usted o preguntar sobre usted haría que resultara obvio que están maquinando algo, y si solo hablan de sí mismos atraería demasiada atención sobre ellos. Un adulador busca el equilibrio hablando con mucho cuidado de sí mismo y preguntando sobre usted, siempre intentando conseguir un equilibrio entre cuánto comparten y cómo le parece a usted. Quieren adularle y ganárselo, pero no quieren hacerlo hasta el punto de que parezca que están haciéndole la pelota para conseguir algo. Al equilibrar la conversación ganándoselo poco a poco y de forma consistente, parecen *integrarse* y no llamar la atención. Al fundirse así, sin embargo, un adulador toma verdadero control porque pueden recoger información de usted mientras no dan mucho a cambio. Esto significa que pueden destapar todo lo que necesitan para manipularle mientras cubren completamente su rastro porque ha bajado la guardia con ellos. De esta forma, el adulador aparece de forma completamente insospechada, toma el control, y puede hacer virtualmente cualquier cosa que desee sin que nadie nunca se dé cuenta de que está manipulando a esa persona.

Capítulo 3: Los seis principios científicos de la persuasión

El tema de la persuasión ha sido investigado durante más de 60 años a medida que los científicos intentaban destapar lo que realmente influye a una persona a decir *sí* a algo. Los resultados que han surgido de estos estudios científicos son bastante sorprendentes y han enseñado a mucha gente a cómo influir a otros para que digan *sí* cuando piden que aprueben una petición específica. Desde la posición de la persona que no está tomando la decisión, parece sencillo asumir que uno tendría en cuenta todos los pros y contras de su decisión antes de decidirse por una respuesta final. Sin embargo, la ciencia ha demostrado que en realidad hay algunas cosas muy básicas que entran en juego a la hora de que una persona decida si decir *sí* o *no* según unos pocos atajos básicos. Estos atajos existen porque vivimos en un mundo donde hay una constante montaña de información frente a nuestras narices y si intentáramos tener en cuenta todos los pros y contras de cada decisión que debemos tomar, nunca tendríamos tiempo de decidir nada. Estaríamos sobrecargados con decisiones que tomar y cosas que considerar y supondría algunos serios contratiempos, y al final este sistema de toma de decisiones basado más en la racionalidad acabaría siendo inútil.

Según la ciencia, hay seis principios científicos de persuasión. Estos son los únicos principios responsables de cómo la gente toma decisiones basadas en lo que sabemos en la actualidad. Estos principios han sido probados científicamente por Robert B. Cinaldini, profesor de psicología y autor, en su libro *Influence*. Vamos a explorar qué son estos seis principios y cómo puede ser consciente de ellos para que siempre pueda estar en control consciente de sus habilidades de toma de decisiones. De nuevo, aunque la mayoría de la gente no tenga ni idea de que estos factores si quiera están involucrados a la hora de tomar decisiones, algunos pocos que hacen sus pinitos en las prácticas maquiavélicas intentarán usar estos principios en su contra. Estar claramente atentos a estos le asegurará que siempre tome decisiones de forma consciente a su favor y que genuinamente sirven a su bien sin ser manipulado inconscientemente por otra persona.

Reciprocidad

El primer principio que anima a la gente a decir *sí* cuando se les ha hecho una pregunta es la reciprocidad. Si le ha dado algo a alguien, se sienten obligados a decir que sí para darle algo de vuelta porque sienten como si le debiese algo de una forma u otra. Esto es verdad, aunque usted le haya ofrecido dicha cosa como un regalo o sin la intención de recibir algo de ellos a cambio. Lo mismo pasa a la inversa. Cada vez que alguien le da algo o hace algo agradable por usted, usted se siente obligado a hacer lo mismo para devolver dicha acción.

Una forma genial de entender cómo funciona la reciprocidad es considerar un estudio que fue realizado en restaurantes entre los camareros y sus clientes. Este estudio demostró que siempre que un camarero o camarera traía alguna forma de regalo con la cuenta, usted está más predispuesto a dejar una propina mayor a cambio del regalo. Mientras que la mayoría de la gente creería que un acto tan pequeño no influye en el comportamiento para nada, la realidad es que sí lo hace. El estudio demostró que un simple caramelo ofrecido a la hora de pagar aumenta la propina en un 3%, pero cuando se ofrecían dos, se incrementaba un 14%. Si el camarero o camarera era obvio a la hora de ofrecer los caramelos, como ofrecer uno antes de dejar la mesa y después volver y decir algo como "para estos excelentes clientes, ¡aquí tenéis un caramelo extra!" la propina se incrementaba en un 23%.

La gente manipuladora puede aprovecharse de este tipo de comportamiento asegurándose de que es obvio siempre que ofrecen algo o hacen algo amable por usted. Al hacerlo obvio o señalarlo, saben que usted se sentirá subconscientemente obligado a decir *sí* a la hora de devolverles el favor, que desde luego planean cobrarlo. Normalmente, ya saben lo que quieren de usted incluso antes de ofrecerle el regalo agradable o acto de amabilidad, convirtiéndolo todo en una farsa manipuladora.

Escasez

Una forma obvia por la que la gente puede ser manipulada a través de la escasez es algo que las marcas de lujo usan para asegurar mayores ventas. A la gente le gusta tener algo que es único y que nadie más tiene, así que cuando saben que algo es escaso, es más probable que quieran tenerlo. La gente manipuladora ha usado esta información durante años, sabiendo que la gente quiere lo que otros no pueden tener. Esto está vinculado directamente con la conducta humana de sentirse especial y único.

Un gran ejemplo de esto en los negocios es el bolso Birken. Los bolsos Birken son bolsos de lujo que cuestan miles de dólares porque son un icono de la moda que representa el poder y estatus. Puede que se pregunte qué hace a un bolso Birken tan especial y por qué alguien estaría dispuesto a pagar miles de dólares por uno, y la razón es simple. Solo se hacen unos pocos cientos de bolsos al año y tiene que estar en una lista de espera o lista especial para comprarlo. Así es, no es un sistema por orden de llegada, sino que es un sistema basado en la lealtad. Al hacer que sus bolsos sean escasos y haciendo que el proceso de compra sea significativo y especial, la empresa puede sacar provecho del deseo humano de sentirse especial y único.

Autoridad

La gente quiere ser parte de algo más grande que ellos mismos, lo que significa que necesitan seguir a alguna clase de líder o figura autoritaria que les guía en el proceso de ser parte de *algo más grande*. Una forma en la que la gente manipuladora manipulará a otros es creando una sensación de autoridad y dirigir a la gente desde esa posición autoritaria. Esta es la razón por la que la gente en el mundo de los negocios lidera con sus credenciales por encima de cualquier otra información, para establecer una posición de autoridad y conseguir que inmediatamente la gente les preste atención y que subconscientemente quieran seguir sus instrucciones.

Por ejemplo, se realizó un estudio en una inmobiliaria donde los agentes fueron capaces de aumentar sus citas para mostrar casas en un 20% y sus firmas de contratos en un 15% simplemente presentando a sus agentes como figuras de autoridad. En vez de decir, "Sandra le va a ayudar hoy", por ejemplo, dirían, "le presento a Sandra, ella es la jefa de ventas y tiene más de 20 años de experiencia vendiendo casas". Este simple cambio conduce a un impacto bastante saludable en sus ventas, demostrando que una simple técnica de persuasión podría tener un impacto significativo en el balance de la empresa. Lo mismo pasa con prácticamente todo el mundo, ya que este principio persuasivo no está restringido solo a las ventas. Cada vez que alguien se establece como un experto, ya sea en una industria de la autoayuda, como un líder religioso o incluso simplemente en su grupo de amigos, esa persona siempre recibirá resultados más alentadores a sus peticiones que los demás.

Consistencia

La gente requiere consistencia a la hora de que se les persuada a decir *sí* a algo. Cuando alguien está expuesto a algo consistentemente, es más probable que se interesen en ello y decir que sí se vuelve más sencillo, ya que la oferta que están recibiendo les resulta familiar. Por ejemplo, dicen que la persona promedio tiene que ver una pieza de *marketing* de la misma empresa siete veces antes de que puedan reconocerla y hasta 14 o más veces antes de que estén realmente dispuestos a investigarla y tomar una decisión. Esto es así a no ser que la empresa misma se acerque al individuo primero y cree una conexión. En ese caso, puede que estén involucradas otras medidas de persuasión para acelerar el proceso e incrementar las posibilidad de que esa persona diga *sí*.

Cuando la gente busca influir a alguien para que esté de acuerdo con ellos, siempre buscarán exponerle a la idea varias veces antes de pedirles que se aprovechen de su oferta. Con este comportamiento, aumentan sus probabilidades de recibir una respuesta positiva y conseguir la venta, cerrar el trato u obtener el favor que querían.

Gustar

Si a alguien no le gusta algo o alguien, casi seguro que dirán *no* el segundo que le pidan tomar una decisión respecto a esa cosa o persona. A la gente no le gusta estar involucrada con gente o cosas que no les gusta. Así de sencillo. Así que, cuando alguien intenta persuadir a alguien para que diga *sí* o acordar algo, casi siempre lo hará primero obteniendo la admiración y aprecio de la persona. Por ejemplo, una empresa primero buscará ganarse su admiración antes de intentar venderle algo, ya que de esta forma saben que es más probable que usted lo haga.

Un ejemplo de lo efectiva que es la simple base de que le guste algo o alguien puede ser mostrado por un estudio realizado entre estudiantes de MBA de dos escuelas de negocios bien conocidas. En este estudio, un grupo de estudiantes entró en negociaciones con la regla de que "el tiempo es oro; vayan directos al asunto" mientras que el otro grupo entró con la premisa de "intercambiar información personal antes de las negociaciones para identificar similitudes antes de empezar". En el grupo donde se valoraba el tiempo y el dinero sobre las conexiones personales, solo el 55% de las negociaciones llegaron a un acuerdo. En el grupo que valoraban las conexiones personales primero, el 90% de las negociaciones terminaron con un resultado acordado entre las dos partes. Los acuerdos a los que se llegaron por aquellos que establecieron conexiones personales también fueron calculados como un 18% más valiosas por ambas partes que aquellas a las que llegaron las personas enfocadas en el intercambio de tiempo y dinero. Si la gente busca persuadirle de verdad para que se ponga de su parte y trabaje en su favor, probablemente vayan a hacerlo empezando con una conexión personal y después continuar desde ahí.

Consenso

La gente siempre buscará un consenso común entre otros cuando no están seguros de qué decisión deberían tomar. Al observar las acciones y comportamientos de otras personas, pueden determinar si quieren hacer algo o involucrarse en algo o no, basado en lo que la otra gente está haciendo y los resultados que experimentan. De hecho, es así como funcionan las ventas entre iguales y el *marketing* social, usando los testimonios positivos y la publicidad ofrecida por clientes existentes para animar a nuevos clientes a empezar a comprarles a ellos también.

Un gran ejemplo de esto se puede ver en la tendencia al alza de las estrategias del *marketing* social. Por ejemplo, en los últimos 10 años, ser un *influencer* en las redes sociales se ha convertido en una carrera seria que puede ofrecer unos ingresos importantes a cualquiera que se involucre en esta industria. Fundamentalmente, aquellos que se están convirtiendo en *influencers* están simplemente promocionando a otras empresas y les pagan por hacerlo. Sin embargo, tiene éxito porque generan muchos seguidores que confían en ellos y creen en sus opiniones. Con esta confianza pueden utilizar su nombre y aumentar el número de ventas que las compañías obtienen, lo que incrementan aún más según sus seguidores, que compran los productos promocionados y coinciden en que son, de hecho, grandes productos. Con esta estrategia de *marketing* de efecto dominó, las empresas aumentan sus ventas inmensamente mientras incrementan al máximo el conocimiento de marca a través de las redes sociales invirtiendo bastante menos tiempo y dinero en el proceso de *marketing*.

Capítulo 4: Técnicas ingeniosas de control mental

Un aspecto de la psicología oscura reside en el control mental y el deseo de la gente de controlar lo que otros piensan, cómo actúan y toman decisiones. Usando las técnicas de control mental adecuadas, la gente puede básicamente atravesar su mente consciente y llegar a su mente subconsciente para animarle a comportarse de cierta manera sin que usted siquiera se dé cuenta de lo que están haciendo en realidad. Un ejemplo común de una práctica que enfatiza las técnicas de control mental es la PNL, donde los profesionales están entrenados para hablar a la mente subconsciente de la gente usando prácticas respaldadas por la psicología. En un ambiente positivo, los practicantes de la PNL pueden usar esta práctica psicológica para ayudar a la gente a superar sus miedos, adicciones y ciertos patrones de comportamiento indeseados a través del acto de la palabra hablada. En la psicología oscura, sin embargo, las prácticas como la PNL se usan como una forma de activar el control mental para presionar a la gente, sin que lo sepan, a hacer cosas que probablemente no harían, como hacer una compra determinada o involucrarse en un patrón de comportamiento particular. En este capítulo, vamos a explorar 9 ingeniosas técnicas de control mental que la gente que usa la psicología oscura podría usar potencialmente contra usted si no estuviese usted al tanto de lo que tiene que observar para evitar dicha manipulación.

Sonrisa desbordante

La gente que quiere practicar el control mental puede adoptar una forma de la ley del comportamiento donde la gente quiere sentirse especial: la sonrisa desbordante. Esta simple técnica puede usarse para hacer que la gente sienta que son únicos y especiales frente al resto, y la verdad que no lleva nada de tiempo. Para conseguirla, simplemente retrase su sonrisa cuando conozca a alguien por primera vez. En vez de sonreír inmediatamente y hacerles pensar que usted sonríe a todo el mundo, retrase la sonrisa unos segundos. Entonces, sonría primero con sus labios y deje que la sonrisa suba hasta sus ojos e inunde toda su cara. Esta estrategia para sonreír lentamente ayuda a que la gente sienta que son especiales porque parece que usted no sonríe a cualquiera; haciendo que usted les empiece a gustar más inmediatamente.

Consiga que le guste a cualquiera

Una herramienta útil que la gente persuasiva usa les permite gustarle mucho más subconscientemente a cualquiera. Funciona de forma muy simple: usted aumenta la cantidad de atención que le ofrece a una única persona para demostrar que ellos son más especiales que el resto con los que pasa tiempo. La clave es evitar hacerlo de forma asquerosa o incómoda, de manera que las personas que están utilizando esto como una estrategia de manipulación casualmente incrementarán su atención en la persona en la que están interesados mientras que intentan equilibrarla más o menos con otras personas. Al prestarle a alguien ligeramente más atención y haciendo que esa atención sea un poco más significativa que la atención brindada a los demás, usted provoca que su mente subconsciente reconozca esta atención e instintivamente empiece a gustarle inmediatamente. Esto funciona mejor en un grupo de 3 o más personas para que verdaderamente pueda resaltar que la atención prestada a alguien es mayor o de mejor calidad que la atención que se brinda a los otros.

Repítase

Cuando quiera que alguien esté de acuerdo con usted, necesita repetirse para empezar a persuadir a su mente para pensar de la misma forma que usted piensa. Para alguien que está intentando ser manipulador, la mejor forma de hacer esto es evitar quejarse mientras aumenta la cantidad de interés que muestran en el tema deseado. Por ejemplo, digamos que usted quiere que su grupo de amigos haga algo juntos, pero sus amigos piensan que dicha actividad es aburrida o poco interesante. En vez de quejarse o suplicarles que vayan con usted, usted podría empezar a hablar casualmente de lo alucinante que es esa actividad y cómo es claramente mejor que cualquier otra. Los estudios demuestran que actuar de esta forma puede mejorar el interés de la gente hasta en un 90% después de repetir únicamente 3 veces lo alucinante que es esa actividad. Esto significa que sus amigos estarían más inclinados a aceptar ir con usted que si usted les hubiera preguntado, hubiesen dicho que no, y después usted se hubiese quejado y suplicado para que fuesen con usted.

Actividades sincronizadas

Según estudios científicos, realizar actividades sincronizadas aumentan la conexión entre dos personas. Si quiere gustarle más a alguien o que muestre más interés en usted, todo lo que tiene que hacer es pedirles que hagan una actividad sincronizada con usted. Esto aumentará la conexión que sienten con usted, que instintivamente les hará gustarle mucho más que con cualquier otra actividad que pudieran intentar practicar juntos. Algunas actividades sincronizadas geniales que se pueden llevar a cabo incluyen andar, cantar, montar en bici o ir a una clase donde se les enseña a ambos la misma cosa, como pintar o cocinar.

Guarde silencio

Para la gente que quiere que se le escuche más o que se considere su opinión, la mejor forma de hacerlo es darle a la otra persona el control de la conversación, por lo menos al principio. Usted debe empezar la conversación permitiendo a la otra persona que hable y haciendo preguntas que le animen a compartir más información. Una vez hayan terminado de hablar, en algún momento le preguntarán por su opinión. Después de que lo hagan, se sentirán obligados a escuchar y ofrecer el mismo nivel de atención y consideración basado en el principio de reciprocidad. Esta es una manera inteligente con la que los manipuladores se aseguran de que usted escuche y considere su opinión, aunque su opinión parezca fuera de lugar, errónea o equivocada.

Ransberger Pivot

Cualquiera que está buscando ganar una discusión sin montar un escándalo ni causar que la otra persona se sienta amenazada puede usar el *Ransberger pivot*. El *Ransberger pivot* funciona permitiendo a otra persona expresar sus ideas primero mientras se sienta en silencio y escucha lo que está diciendo. Mientras escucha, usted debe entender en profundidad su punto de vista para poder entender lo que le importa, sus intereses y lo que está intentando conseguir con esta discusión. Una vez haya terminado, usted simplemente necesita crear una situación que combine sus intereses y deseos con los suyos y ofrecérsela. Al hacer esto, la otra persona siente que está siendo considerada y que consigue lo que quería, y usted también consigue lo que quiere, lo que significa que ambos ganan en esta interacción.

Diga una mentira

Aunque esto no es necesariamente un método de manipulación, es una forma genial de escapar de algo que no quiere hacer. La clave para conseguir que realmente funcione una mentira sin ser cuestionado es hacer que la mentira sea ligeramente embarazosa para

---

usted. Al hacer esto, la gente se siente incómoda y es poco probable que quieran presionarle para obtener más información o tener que pensar más en lo que acaba de decir, permitiéndole, por tanto, enterrar de forma satisfactoria su mentira sin ser pillado. La gente manipuladora usará esta táctica a menudo para evitar que le pillen otras personas. Funciona diciendo simplemente algo como: "Lo siento. No puedo ir a tu cena porque mi síndrome de colon irritable me está dando más problemas últimamente". Esta pequeña y simple mentira evitará que la otra persona le presione para ir a la fiesta y a la vez pensarán que usted no ha declinado la invitación porque no estaba interesado o no le gusta esa persona. En cambio, creerán que de verdad no pudo ir, de manera que no les gusta usted menos y no ha herido los sentimientos de nadie.

Controle la conversación

Una técnica de manipulación común que la gente usa es una estrategia que les permite controlar cualquier conversación de una forma sutil pero eficaz. La persona simplemente inicia una conversación con otra persona y entonces escoge una palabra específica que la otra persona está diciendo como *ancla*. Entonces, cada vez que su compañero de conversación diga esa palabra, asienta con la cabeza, sonría u ofrezca alguna forma de afirmación positiva. Subconscientemente, la persona con la que están hablando reconocerá esta afirmación positiva e intentará agradar al manipulador usando esa palabra repetidamente. Esto puede usarse en su provecho si anclan una palabra relacionada con una petición o favor que el manipulador planea pedir a la otra persona en algún momento durante la conversación.

Asentir de forma perfecta

Una forma inteligente en la que los manipuladores intentarán manipular es asintiendo con la cabeza. Cuando asiente a una persona mientras habla con ella, esto crea una asociación positiva natural entre usted y la otra persona. Lo que pasa es que usted muestra que está de acuerdo con la otra persona y se sienten obligados a estar de acuerdo con usted también. Usted puede usar esto en su propio beneficio asintiendo con la cabeza casual y sutilmente a lo largo de la duración de la conversación incluso antes de que planee pedir algo a alguien. Entonces, cuando pida algo a dicha persona, incorpore una sutil inclinación de cabeza en su petición. Probablemente ni se den cuenta de que lo ha hecho, pero subconscientemente se sentirán más inclinados a estar de acuerdo con usted debido al acuerdo positivo que ya existe entre ustedes dos.

Los ojos

Una práctica manipulativa común fue científicamente demostrada durante un estudio de 1989 donde los investigadores tuvieron a dos extraños mirándose a los ojos durante dos minutos. Después de que pasasen los dos minutos, los sujetos declararon tener sentimientos apasionados por la otra persona. Cuando investigaron la biología de estos sujetos, se dieron cuenta de que después de la prueba había un incremento en los neurotransmisores dopamina y oxitocina, las dos sustancias responsables de crear el efecto de *amor* en la gente. Puede aprovecharse de esto simplemente aumentando la cantidad de contacto visual positivo y casual que establece con la gente. Al incrementar el contacto visual que establece con una persona en la que está interesado, puede provocar que experimenten la misma liberación de dopamina y oxitocina, creando, por tanto, una respuesta natural de amor y pasión.

Capítulo 5: Técnicas de los mejores negociadores

La negociación es una herramienta usada para ayudar a dos o más personas a reunirse bajo unos términos comunes, permitiendo a todas las partes acomodar sus consideraciones en el acuerdo finalizado. Negociar es una herramienta maquiavélica común usada para hacer creer a la gente que están consiguiendo lo que quieren cuando, en realidad, el maquiavélico es la única persona que se beneficia verdaderamente de los términos del acuerdo final. A la hora de finalizar acuerdos, los maquiavélicos tienen una forma sigilosa de asegurarse de que cada uno de sus términos deseados se cumplen y no les importa lo que cueste conseguirlo. En muchos casos, un negociador maquiavélivo le dejará sin prácticamente nada, y lo hará de una forma que parezca que se le tuvo en cuenta y consideración en el proceso. En realidad, no le importó lo que ganó o perdió. Solo le importa que sus necesidades fueron satisfechas.

En este capítulo, vamos a explorar nueve tácticas que los negociadores manipuladores usarán para intentar conseguir todo lo que desean de una negociación, dejándole sin absolutamente nada. Estas tácticas están basadas en los principios de persuasión y las leyes de la conducta humana que ya ha aprendido previamente en este libro.

No nos motiva la razón

Como sabe, no nos mueve la razón ni la lógica, sino las emociones y las *corazonadas* instintivas que tenemos cuando estamos en ciertas situaciones. La gente manipuladora sabe esto, y usarán sus emociones como forma de intentar que entienda su lógica y se ponga de su parte, especialmente a la hora de negociar. En vez de intentar que supere sus emociones y vaya a la mesa de negociación en un estado de pensamiento racional, una persona manipuladora incluirá sus emociones como parte de su estrategia central. Apelarán a sus emociones conectando a nivel personal, creando una sensación de camaradería y hablando de una forma que valide sus sentimientos y necesidades desde una perspectiva emocional.

Según continúan negociando con usted, una persona manipuladora hará todo lo que pueda para hacerle *sentir* como si estuviera en un ambiente seguro y compasivo donde se le está teniendo en consideración y en cuenta. Sin embargo, únicamente están haciendo esto con la intención de que baje la guardia y dejarle lo más vulnerable posible para que cuando llegue la hora de ofrecerle el acuerdo final, esté más predispuesto a aceptar sus términos. Cuando ofrece el trato, una persona manipuladora continuará haciendo parecer como si el trato fuese en su favor y como si fuese algo positivo para usted. En realidad, aunque puede que usted tenga algunas pequeñas cosas que celebrar, probablemente todo lo que buscaba en la negociación fue completamente obviado y se lo creyó simplemente porque se sentía bien sobre lo que se estaba diciendo. Para cuando se dé cuenta de que su negociación no funcionó en su favor, los contratos ya habrán sido formados, o el trato se habrá emitido, y será demasiado tarde para que usted se eche atrás o haga cualquier cambio.

Sea un reflejo de los demás

Imitar a la gente es una de las mejores formas de adulación, razón por la que, a la hora de cosas como la persuasión, usar actividades sincronizadas o imitar, es una de las mejores formas de conseguir que alguien se comporte a favor de sus necesidades y deseos. Un gran negociador que está usando la manipulación para salirse con la suya predecirá qué sorpresas pueden surgir por el camino de la negociación y atraerlas a propósito. En vez de aproximarse a una negociación preparado para discutir y ganar, un gran negociador se acercará a la negociación con la habilidad de concentrarse y escuchar completamente a todos a su alrededor, haciendo, por tanto, que todos se sientan escuchados, validados y *bien*. Desde esta posición, también pueden identificar cualquier cosa que pueda surgir que pueda ser usada en su favor a la hora de emitir un trato con el que sabe que todo el mundo estará de acuerdo.

En vez de intentar apresurar el proceso y meterse en el trato en sí, un negociador manipulativo ralentizará completamente el proceso y se involucrará en cada paso, desde escuchar a pensar el trato. Al ralentizar el trato, se ponen en control y crean la apariencia de autoridad y credibilidad, provocando que todos los demás en el acuerdo ralenticen hasta su paso y operen a su nivel. Esto resulta en que la persona manipuladora tenga todo el poder, haciendo que todos los demás estén automáticamente predispuestos a estar de acuerdo con esta y proceder con cualquier cosa que diga u ofrezca. Al final, es más probable que esta persona obtenga sus preferencias por encima de cualquiera en la negociación.

No comparta el dolor de alguien, identifíquelo

Tal como lee arriba, un gran negociador buscará incluir emociones como parte de su estrategia en vez de separarlas completamente del acuerdo. Los grandes negociadores que siempre cierran el trato en su favor saben que las emociones son inevitables y que son una gran fuerza impulsora detrás de la toma de decisiones de la gente, de manera que las usan en su favor, especialmente con los puntos débiles. En vez de estresarse y frustrarse cuando se tocan los puntos débiles de la gente o se intentan separar por completo de la negociación, un gran negociador los reconocerá y etiquetará. Al mostrar empatía intencionadamente a aquellos alrededor, el gran negociador se ganará la confianza emocional de todos con los que está negociando, por tanto, aumentan su simpatía y hacen que sea más sencillo persuadir a los otros para que estén de acuerdo con él.

El factor identificativo clave con esta táctica particular es que el negociador manipulativo siempre buscará distanciarse de esta etiqueta. Por tanto, en vez de decir, "reconozco su frustración...", siempre dirá "parece que está frustrado con..." porque esto les distancia de la idea de que ellos tienen un interés especial en el dolor de la persona con la que se están comunicando. Aun así, la declaración en sí muestra una sensación de empatía y se gana la confianza de otros de una forma que les deja pensando que están experimentando compasión de la otra persona cuando, en realidad, simplemente están usando sus emociones en su contra en favor de la negociación.

Domine el arte del *no*

Los negociadores manipulativos saben que la palabra *sí* a menudo no tiene sentido, ya que tiende a ocultar los objetivos más profundos de la persona con la que están negociando. Sin embargo, cuando la palabra *no* aparece, esto ofrece una oportunidad a ambas partes de clarificar sus intenciones y necesidades y avanzar con la negociación, y por esa razón, un negociador manipulativo siempre hará que parezca que es seguro para usted decir *no* a sus términos e ideas. Al crear este espacio seguro para que usted diga *no*, un negociador manipulativo sabe no solo que usted aclarará más su punto de vista, sino que además estará mucho más dispuesto a escucharle y ver las cosas desde su perspectiva, basado en el principio de reciprocidad.

Al animarle a decir *no* en vez de animarle a decir *sí*, una persona manipuladora puede obtener mayor conocimiento de lo que le importa a usted y qué es lo que de verdad le preocupa del intercambio de sus negociaciones. Entonces, pueden usar esto para incrementar aún más su confianza emocional en ellos, haciendo que sea incluso más fácil para ellos persuadirle para que esté de acuerdo con ellos y acepte el trato. Aunque nunca está garantizado que escuchar *no* haga más fácil conseguir un *sí*, dominar esta táctica es mucho más eficaz que contar con un *sí* y descubrir que se cambia después porque información más profunda (y potencialmente útil) no había sido revelada completamente.

Use las palabras "tiene razón"

Un psicólogo llamado Carl Rogers propuso que un terapeuta solo puede apoyar a su cliente con un cambio real si aceptan a la persona como realmente es, también conocido como consideración positiva incondicional. Para usar la consideración positiva en su provecho, usted necesita conseguir que la otra persona diga cosas como "eso es correcto". Esto es lo que hacen los negociadores manipuladores cuando están intentando que estén de acuerdo con ellos y cambiar su opinión actual. Al hablar de forma que usted tenga que responder con declaraciones como "eso es correcto", un gran negociador sabe que es más probable que coincida con ellos y se comprometa con sus términos sin suponer mucho problema o solicitar muchas diferencias en su nombre. Como resultado, ellos ganan.

Es importante apuntar que un negociador siempre intentará que usted diga "eso es correcto" y no "tiene razón". Esto es porque cada vez que una persona dice "tiene razón", no han aceptado personalmente la información ni la reconocen como su verdad. En cambio, simplemente han expresado que están de acuerdo. Cuando una persona dice, "eso es correcto", están aceptándolo personalmente como una verdad, haciendo que estén más dispuestos a la hora de cerrar la negociación.

Distorsione la realidad de alguien

Un negociador manipulativo nunca le dará más de lo que le quiere dar en primer lugar, sin importar lo que pueda hacerle pensar. Pese a cómo formule sus frases y exprese sus tecnicismos, un gran negociador nunca le dará más de lo que tenía intención de darle en primer lugar. En cambio, usa la negociación como una forma de que parezca que todos están ganando cuando, en realidad, é es el único sale exactamente con lo que esperaba o quería. Un negociador manipulativo nunca repartirá la diferencia, aunque haga como si lo hubiera hecho.

La mejor forma de protegerse de que un negociador distorsione su realidad es evitar creer en las fechas límite que le marca en su acuerdo. Ningún acuerdo realmente termina cuando la fecha límite pasa, ya que las fechas límite en las negociaciones raramente tienen las consecuencias perjudiciales que nos hacen creer. Si se equipa con el conocimiento de que *no llegar a un acuerdo es mejor que un mal acuerdo*, entonces ármese de la paciencia necesaria para conseguir exactamente lo que estaba buscando de la otra persona.

Cree una ilusión de control

Un negociador manipulativo siempre intentará que parezca que es quien está en control de la situación, aunque la verdad es que ambos están igualmente en control, ya que, si alguno de los dos decidiese echarse atrás, la negociación se acabaría. Cuando usted crea la ilusión de que la otra persona está en control y después siembra lo que quiere por el camino, parece como si fueran ellos los que crearon la solución, cuando, en realidad, era la solución que usted quería todo el tiempo. Como resultado, es mucho más probable que coincidan con sus términos según lo que usted quería sin darse cuenta de que esto era lo que quería todo el tiempo. Así es cómo un negociador maquiavélico manipulará a alguien para que le ofrezca el acuerdo que originalmente deseaba mientras logran que parezca que era la otra persona la que estaba en control.

La forma en la que el negociador conseguirá que la negociación vaya en su dirección es a través de preguntas calibradas. Las preguntas calibradas son preguntas que se hacen con la intención específica de manipular a la otra persona para que responda con la respuesta deseada del que la formuló. Estas preguntas calibradas requieren un gran autocontrol emocional para que no den la sensación de ser manipuladores o que presionan en exceso. También evitan usar palabras que fomentan la habilidad de la otra persona para responder a las preguntas con un simple *sí* o *no* y, en cambio, buscan presionar a la otra persona para que produzca respuestas con mayor profundidad. Esto persuade a la otra a responder de acuerdo con lo que quería originalmente, pero sin que parezca que tienen nada que ver con la respuesta definitiva.

Garantice la puesta en marcha

Un gran negociador no solo quiere llegar a un acuerdo; en cambio, quiere llegar a un trato que pueda ser implementado y puesto en práctica. Por esa razón, siempre buscarán generar acuerdos que garanticen la ejecución dentro de cierto marco de tiempo. Hacen esto usando una simple pregunta: "¿cómo?". Por ejemplo, "¿cómo sabremos que estamos en buen camino?" o "¿cómo abordaremos la situación si nos damos cuenta de que no andamos por buen camino?". Este tipo de preguntas anima a la otra persona a producir una respuesta garantizada y completa que pueda ser grabada y salvada como algo que se puede poner en práctica en una fecha más tarde. Normalmente, un negociador manipulativo continuará haciendo preguntas "cómo" hasta que reciban una respuesta que incluya las palabras "eso es correcto". De esta forma, saben que ellos son los que están en control de la negociación y que la otra persona simplemente cree que está en control.

Negocie con tenacidad

Para la gente que no está acostumbrada a negociar, el proceso de regateo produce una gran ansiedad y agresión dispersa. Cuando llega el momento de empezar a regatear por lo que cada persona conseguirá, las personas que no están familiarizadas con las técnicas de negociación eficaces se sentirán incómodas e intentarán forzar la situación a su favor sin mucha consideración. En vez de usar técnicas diplomáticas que de hecho tornan el acuerdo a su favor, se verán presionando demasiado fuerte para conseguir lo que quieren y mostrar signos claros de júbilo y orgullo cuando consiguen pequeños retazos de éxito que se les ofrece. Así es cómo un negociador manipulativo sabe que está negociando con alguien que realmente no tiene ni idea de lo que se necesita para conseguir sus resultados deseados, haciendo su trabajo incluso más fácil.

Un negociador poderoso siempre negocia con tenacidad para producir más ansiedad en la persona con la que está negociando. Entonces, empezará a estimular *buenos sentimientos* en la otra persona imitándoles y haciéndoles sentir como si sus necesidades y deseos están siendo tomados en consideración. Una vez la persona está funcionando emocionalmente de forma eficaz a su favor demostrando su vulnerabilidad con la ansiedad y probando su disposición con orgullo y alegría, el negociador manipulativo atacará con un trato duro. Como han formado el acuerdo completo basado en los principios de la persuasión, saben que cerrarán con éxito el acuerdo en su favor con el mínimo esfuerzo o perturbación.

Capítulo 6: 19 técnicas de manipulación predatoria

Es bien sabido que los sociópatas, psicópatas y narcisistas usan técnicas manipulativas como forma de ejercer control sobre sus víctimas y satisfacer sus necesidades y deseos en cada interacción. Mientras que todo el mundo manipula hasta cierto punto, estos individuos son conocidos por usar una cantidad excesiva de manipulación que a menudo puede tener consecuencias muy serias para todas las partes involucradas, pero especialmente para sus víctimas. Esto es lo que hace de estos manipuladores particulares *depredadores*. Los depredadores tienen 19 técnicas en las que confían habitualmente a la hora de manipular a otros y conseguir lo que necesitan de aquellos a su alrededor. Casi nadie es inmune a un depredador, aunque la gente que ya es emocionalmente vulnerable con una baja autoestima o falta de confianza están más en riesgo. En este capítulo, usted va a aprender sobre estas 19 técnicas y cómo usted puede protegerse contra estas, ayudándole a disminuir el riesgo de ser el objetivo de un depredador sociópata, psicópata o narcisista.

Mentir

Se sabe que los depredadores son mentirosos crónicos que prácticamente nunca dicen la verdad sobre nada en sus vidas.

Cuando un depredador o manipulador le está mintiendo, está intentando arrastrarle a su red de confusión y caos donde solo ellos saben lo que realmente está pasando, e incluso entonces, a menudo se olvidan de las mentiras que han contado porque son tantas. Los depredadores tienen cero remordimientos cuando mienten. Para ellos es fácil mentir y lo hacen a menudo, y acaban tan acostumbrados que no se lo piensan dos veces antes de inventarse una mentira. Acaban siendo tan buenos en ello que sus mentiras parecen sencillas de creer porque no hay ninguna pista en su tono de voz o emoción de que es una mentira. Para ellos, es la verdad absoluta en ese momento.

Al crear una telaraña caótica de mentiras en torno a usted, los depredadores pueden aumentar su confusión y mantenerle vulnerable frente a ellos, desilusionándole y distorsionando la realidad del mundo a su alrededor. Como usted inconscientemente cree sus mentiras, usted acaba teniendo una fe completa en todo lo que le han dicho. Cuando usted intenta utilizar una de sus mentiras para validar o justificar algo o hacerles rendir cuentas por la verdad, le darán completamente la vuelta a la tortilla para que usted siga estando confuso. Con esto, usted constantemente siente que se equivoca y que ellos tienen razón, desembocando finalmente en que ya no confíe en su memoria o su propia percepción de la realidad, porque parece que usted siempre se equivoca.

Muchas veces, la víctima no se dará cuenta de que le está mintiendo un depredador hasta que ha pasado tantas veces que es difícil negarlo. Llegados a este punto, sin embargo, ya han entrado en juego otras tácticas de manipulación y control mental, dejando a la víctima sintiéndose completamente desamparada y como si no hubiera para esta nada ni ningún lugar al que recurrir para que le salven de la red de confusión. Como resultado, se sienten atrapados en este caótico y peligroso mundo del depredador y luchando por salvarse.

Retener información

A diferencia de mentir, cuando un depredador le dice directamente una afirmación engañosa para conseguir algo de la otra persona, retener información a su víctima se usa como forma de mantener a su objetivo en desventaja. Cuando un depredador le retiene información a usted, hace esto con el claro conocimiento de que si usted no tiene esta información le deja a este con la ventaja y asegura que consigue exactamente lo que quiere de usted, se dé usted cuenta o no.

Por ejemplo, digamos que un depredador quiere que pase tiempo con sus amigos, pero usted quiere pasar tiempo a solas con este. Para salirse con la suya, un narcisista le invitará a algún sitio sin decirle que sus amigos estarán presentes en esa cita, sabiendo que así usted dirá *sí* a la invitación. Una vez llegue, sin embargo, verá que sus amigos están ahí y que nunca tuvo ninguna intención de pasar tiempo juntos los dos solos. Si intentara hacer frente al depredador por esta acción, simplemente lo menospreciaría y diría algo como "claro que no sabía que venían. Usted nunca preguntó". En este caso, técnicamente tiene razón, y le deja en desventaja porque no puede discutir con él, porque tiene razón. Sin embargo, es un caso de manipulación porque sabía perfectamente que usted no preguntaría, por tanto, haciendo del hecho de que retuvo información tanto manipulador como malicioso.

La mejor forma de defenderse de este tipo de comportamiento predatorio es buscar las señales del comportamiento predatorio y entonces mantenerse alejado de esta persona o hacer muchas preguntas. Aunque las respuestas parezcan obvias, no se asuste de preguntar o presionar por *toda* la información. Aunque esto es probablemente excesivo e innecesario en la mayoría de las relaciones, si tiene cualquier razón por la que creer que alguien pueda estar manipulándole en su propio beneficio, usar estas estrategias pueden ayudarle por lo menos a intentar descubrir cuál podría ser la verdad, si realmente lo necesita.

Cambios de humor

Los depredadores son conocidos por tener constantes cambios de humor, cambiando rápidamente entre alegre y satisfecho a enfadado e insatisfecho. Mientras que la causa psicológica de esto es irrelevante, el comportamiento en sí se usa como herramienta contra usted para dejarle inseguro y en una extrema desventaja. Cuando nunca sabe de qué humor estará el depredador, será difícil para usted determinar qué esperar en cualquier momento que está a su alrededor. De esta forma, cada vez que se aproxima a este, tiene que andar con sumo cuidado y hacer todo lo que pueda para asegurarse de que está de buen humor y que siga así. Según las mentiras que le cuenta, puede que le lleve a creer que sus comportamientos y acciones son directamente responsables de sus constantes cambios de estado de ánimo, aunque no tenga nada que ver con usted.

Cuando se encuentra en una situación con un depredador y sus cambios de humor, lo más probable es que le culpe de ello y diga algo como "¡sabe que odio cuando dice eso!" en un intento de hacerle sentir que es su culpa que tenga una reacción tan voluble. En relaciones más avanzadas o apegadas, este tipo de comportamiento se usa para hacer sentir a la víctima que es personalmente responsable del humor de otras personas y que constantemente se tiene que comportar de forma que agrade al depredador. Ya que la persona ha sido atrapada en la manipulación del depredador, en muchos casos, la víctima lo cree voluntariamente y no tiene muchos problemas en hacerse responsable del humor y acciones de la otra persona, incluso cuando estos estados de ánimo acaban haciendo daño a la víctima de alguna manera.

Para el depredador, mantenerle inseguro y andando siempre con mucho cuidado significa que usted está constantemente desequilibrado y que es fácil persuadirle y manipularle para creer cosas que no son verdad. Esto es porque están trabajando en el factor de la conmoción, eliminando ciertas pistas de lo que les enfadaría o les pondría tristes, haciendo que sea virtualmente imposible para usted determinar cuándo y por qué su estado de ánimo cambiará.

Love Bombing y devaluación

Los depredadores, especialmente los narcisistas, usan una herramienta llamada *love bombing* y devaluación para manipular a la gente para que se enamoren de ellos y después usar esta emoción en su contra. *Love bombing* es una táctica donde un narcisista cuidadosamente escucha para saber lo que quiere y necesita en una pareja y entonces empieza a actuar como si fuese la pareja perfecta para usted, llevándole a creer que le ha tocado la lotería romántica. Harán todo lo que puedan para que caiga rendido a sus pies, como traerle regalos, hacerle cumplidos, hacerle sentir especial y escucharle atentamente (o eso parece). Todo lo que hace el narcisista durante la fase de *love bombing* tiene la intención de enamorarle y bajarle la guardia, mientras que también le hace sentir como si estuviera profundamente enamorado del narcisista, creando, por tanto, una profunda conexión y apego entre los dos.

Una vez su *love bombing* haya tenido éxito, un narcisista pasará a la fase de devaluación. Aquí es donde empiezan a usar toda la información que aprendieron cuando estaban escuchándole en su contra, haciéndole sentir como si fuera un inútil y recalcando sus defectos para mostrarle por qué no merece su amor o atención. Esta experiencia es extremadamente dolorosa para la víctima, especialmente porque pasa de repente y sin aviso ni señales. El narcisista siempre le culpará de su conducta, diciendo que la única razón por la que le está tratando como si fuese despreciable es porque hizo algo mal para ganarse ese trato. Dirán cosas como "hago todo por ti ¿y así es como me lo pagas?" permitiéndole usar su fase de *love bombing* como un arma contra usted, aunque usted nunca pidió nada de eso y todo lo que obtuvo del narcisista fue ofrecido abiertamente.

Este tipo de comportamiento es muy difícil de predecir y del que protegerse porque, normalmente, se hace de una forma que resulta abrumadora y sobre-estimula su cerebro con sustancias químicas de amor como la oxitocina y la dopamina. Lo que acaba pasando es que se siente tan abrumado con amor, que cuando es arrancado de usted durante la fase de devaluación, se desespera por recuperarlo y empieza a hacerse responsable de todo solo por poder volver otra vez a la fase de ensueño de *love bombing*. Únicamente que esto es exactamente lo que el narcisista quiere y espera; así es como alimentan su propia necesidad de sentirse amado e importante, abusando de usted.

Castigo

Los depredadores constantemente castigan a la gente cuando no se comportan *correctamente*. La forma en la que los depredadores castigan a alguien varía, dependiendo básicamente del depredador en sí, lo que les ha funcionado en el pasado, y lo que piensan que les funcionará mejor para ellos en ese momento. Los castigos pueden oscilar entre cosas como ignorar o gritar hasta la violencia física y el abuso mental, y siempre se realiza con la intención de forzar a la víctima a obedecerles.

La fase de castigo con los depredadores puede ser particularmente peligrosa porque usted nunca sabe de lo que son capaces o lo que le harán cuando decidan empezar a castigarle. Sus castigos siempre pretenden ser aterradores y abrumadores, ya que le deja sintiéndose inseguro y le deja queriendo atenerse a casi todo lo que diga o haga, cualquier cosa que quieran, porque confían en que usted no querrá provocarles más. Como resultado, consiguen todo lo que quieren, y les deja suplicando por su perdón y haciendo cualquier cosa por restaurar la paz para que usted pueda parar de temer por su vida.

El castigo no es exclusivo de las relaciones estrechas. Este tipo de comportamiento predatorio no es solo algo que pasa entre cónyuges y familiares, a pesar de lo que indujeron a pensar a mucha gente. Esta conducta puede ocurrir entre cualquiera, pero especialmente cuando un depredador tiene una posición de poder o ventaja sobre la otra persona. Por ejemplo, su jefe puede usar el castigo como forma de presionarle para que acepte más trabajo de lo razonable para su posición o sueldo porque sabe que no arriesgará su trabajo, y, a fin de cuentas, este tiene el poder de despedirle o no. Aunque tengan que cumplir con ciertas obligaciones legales, un jefe verdaderamente manipulador tiene claro que usted sabe que puede despedirle fácilmente y hacer como que cumple estas obligaciones legales como su jefe. Este es un ejemplo perfecto de cómo cualquiera puede usar el castigo como forma de ejercer poder sobre otra persona y mostrar un acto manipulativo de conducta predatoria, sin importar la naturaleza de la relación que comparten con la otra persona.

Negación

Si ha escuchado alguna vez el dicho "si le pillan, niéguelo, niéguelo, niéguelo" entonces usted tiene una buena idea de la mentalidad de un depredador a la hora de negar hechos. La gente que es manipuladora sabe que, si nunca admiten nada, nunca se les puede responsabilizar de sus acciones, lo que significa que nunca tendrán que sufrir personalmente las legítimas consecuencias. Incluso aunque usted sabe que son culpables de hacer algo, si nunca lo admiten, pueden empezar a distorsionar su realidad y llevarle a creer que usted está intentando juzgarle cuando en realidad son inocentes.

Los depredadores negarán absolutamente todo, no solo cuando temen ser pillados, sino en general. Al negar con frecuencia todo, incluso cuando no están siendo acusados de nada, no solo pueden mitigar la responsabilidad o tener que rendir cuentas, sino que también le dejará sintiéndose como si fuera incapaz de confiar en su propia percepción o memoria. Esto significa que cada vez que quieren mentirle a usted o culparle de algo que nunca hizo realmente, usted ya duda de usted y su percepción, haciendo que sea más fácil para ellos hacerle pensar que realmente es su culpa o que lo que pensó que vio u oyó nunca pasó en realidad.

Una forma clave en la que los depredadores usarán esto en su beneficio es cuando está en público, y usted intenta confrontar al depredador frente a otra gente. Los depredadores negarán todo lo que diga en frente de otra gente, y lo harán de forma que parezca que usted está loco o no es una fuente fiable de información. Pueden decir algo como "eso nunca pasó. ¡Siempre se olvida de cosas así!" o "ya está, inventándose historias otra vez". Este tipo de actitud se usa para manipularle mientras que hace que el resto crea que es un mentiroso para que no le crean, haciendo que sea difícil para usted encontrar a alguien al que acudir cuando necesita encontrar un lugar seguro de su relación abusiva.

Invertir la realidad

A los depredadores y manipuladores se les da genial invertir la realidad para satisfacer sus necesidades. De esta forma, técnicamente no están mintiendo, sino que están presentando los hechos de forma que le lleva a ver las cosas desde su retorcida perspectiva, ayudándole a disimular las cosas que no quiere que sepa o se dé cuenta. Cuando una persona manipuladora invierte la realidad, lo hará de forma sutil y poderosa. Puede que también intente compensar en exceso la *nueva verdad* para intentar abrumarle con hechos e información, presionándole para que le crea sin pensar críticamente sobre nada de lo que le está diciendo.

Un área común donde se ve esto es en política, donde los políticos reconocen hechos viables que se les presentan y después intentan distorsionar estos hechos para que les sirvan para su propia agenda. Por ejemplo, digamos que usted se enfrenta a un político respecto a una estadística sobre el desempleo diciendo algo como "todavía hay un 45% de desempleo, algo que es completamente desmesurado". Un político usando tácticas manipulativas podría decir algo como "sí, hemos aumentado el empleo hasta el 55% este mandato", para que parezca que han hecho algo positivo. En realidad, puede que solo haya incrementado la tasa de empleo un 1%, pero como invierten el hecho para alejar la atención de sus defectos, pueden manipular a la gente para creer que están haciendo algo bueno, aunque no sea así.

Esto no pasa solo en política. Distorsionar la verdad es una táctica común usada por depredadores, a veces sin una intención clara de lo que están buscando obtener de ello. En algunos casos, simplemente están refinando su práctica o invirtiendo la verdad porque están tan acostumbrados a manipular a otros que no pueden tener una interacción básica sin incluir tácticas como la manipulación en una conversación.

Minimizar

Los depredadores siempre intentarán minimizar sus propias acciones mientras que maximizarán las suyas, haciendo que parezca que lo que ellos hacen prácticamente no es malo y que lo que usted hace es cruel al máximo. Puede que también intenten mitigar su responsabilidad y minimizar su culpabilidad invirtiendo la culpa para que usted, u otra persona, tengan que rendir cuentas por sus acciones en vez de estos. Al hacer esto, los depredadores hacen que parezca que en realidad no son tan malos y que el verdadero problema es usted, u otra persona, que le hacen parecer malo. De esta forma, intentan victimizarse para que usted deje de culparles y puedan salirse con la suya constantemente.

Usted puede saber si un depredador está usando la estrategia manipulativa de minimizar siempre que escucha algo como "sí, hice eso, pero no es tan malo como parece" o "no es mi culpa porque X o Y lo hacen todo el rato". Al decir cosas así, harán que parezca que su comportamiento y acciones no son tan destructivas o dañinas como son en realidad. La mayoría de los depredadores dominan esta técnica para que puedan alejar la atención de ellos mientras que consiguen que piense que sus acciones no son realmente tan malas, aunque lo sean. Como resultado, usted internaliza su ira y se encuentra sintiéndose menos frustrado con el manipulador y más frustrado en general, lo que al final les ayuda a no tener que ser responsables de sus acciones.

Hacerse la víctima

Minimizar su propia conducta mientras que maximiza la suya no es la única forma en la que los depredadores intentarán hacerse la víctima en su relación. En realidad, hay muchas estrategias que los manipuladores usan para que parezca que son ellos los que están siendo tratados de forma injusta o sufriendo y usted es el responsable de su sufrimiento. Usarán una serie de estrategias para conseguir esto, como mentir, invertir la verdad, retener información, minimizar y negar cosas, para que parezca que nunca hicieron nada mal, y que fue usted. Con esto, crean una telaraña de mentiras que le establecen como el malo de la película y ellos como los inocentes, haciéndole sentir que es su culpa y que tiene que dejar de ser tan duro con ellos.

Cuando una persona manipuladora intercambia los papeles de esta forma, pueden conseguir que les compadezca y elimine la necesidad de sufrir las consecuencias de sus propias acciones. También son capaces de confundir aún más y arrebatarle sus defensas dejándole completamente confuso sobre la verdadera dinámica de la relación. Esto no solo hará que se sienta culpable y con remordimientos por algo que probablemente nunca hizo, sino que también le deja sintiendo que no hicieron nada malo *y* que usted es incapaz de fiarse de sí mismo, sus acciones, su percepción y su memoria.

Este comportamiento puede ser dañino de experimentar, pero los depredadores consiguen que sea incluso más dañino cuando incluyen un público a la experiencia. Al hacerse las víctimas en público frente a otra gente, no solo le despojan de su credibilidad, sino que también crean la ilusión de que es *usted* el que les está lastimando a *ellos*. Esto le permite al depredador desarrollar todo tipo de emociones tóxicas dentro de usted, desde vergüenza hasta miedo, porque saben que usted se sentirá culpable por ser visto como abusivo y que le dará miedo que, como resultado, la gente le vea como peor persona. Como saben que usted quiere que le vean como una buena persona (y usted es una buena persona), intentarán destruir su credibilidad y fiabilidad a través de acciones como esta para que puedan aislarle de todos a su alrededor.

Usar refuerzo positivo

Igual que un depredador intentará usar el castigo como forma de frenar su conducta y evitar que haga las cosas que no quiere que haga, también usará el refuerzo positivo para condicionarle a hacer cualquier cosa que quiera que haga. El refuerzo positivo se usa para cautivarle y hacerle creer que son capaces de ser gente positiva, aunque la verdad es que no lo son. En cambio, simplemente saben que esta forma de conducta halagadora le ayudará a edulcorar las acciones tóxicas en las que se han involucrado y desviar la atención hacia otro lado; consiguiendo que se concentre en lo bien que le hacen sentir en vez de en lo mal que le hacen sentir.

Algunos ejemplos de cómo un manipulador usará el refuerzo positivo incluyen, desde constantemente disculparse por su comportamiento, hacerle regalos y muestras de su aprecio, alabándole, cautivándole en exceso, dándole atención extra o dándole dinero. Cuando hacen cosas como estas, su atención se desplaza de las cosas dañinas que han hecho y, en cambio, se concentra en lo que puede ganar con la relación. De esta forma, es menos probable que se dé cuenta de lo dañina que es realmente la relación y es más probable que se quede ahí.

Estos tipos de refuerzos positivos vienen con dos intenciones subyacentes: aumentar su amor por ellos y condicionarle para que se comporte de la forma en la que específicamente quieren que se comporte. Cuando un depredador puede aumentar el amor que siente por este, sabe que naturalmente empezará a defenderle y justificar sus razones para quedarse con él y alrededor de él sin tener que darle usted una razón válida. Esto está basado en la ley de conducta básica de los humanos tomando una decisión basada en emociones y después justificándola con una lógica sesgada que apoya su decisión emocional. También sabe que usted querrá experimentar más refuerzos positivos y atención de este, lo que significa que se comportará de la forma que le pide para poder conseguirlo. Como resultado, consigue todo lo que quiere, y usted se queda con el papel de su marioneta maltratada, alimentándose de sus maneras manipuladoras sin si quiera darse cuenta de lo que está pasando.

Cambiar las reglas del juego

La gente manipuladora prospera al ser impredecible. Cuando son impredecibles, no hay forma de saber a ciencia cierta lo que está pasando exactamente o qué esperar de estos, de manera que usted es vulnerable a su conducta. Una forma importante en la que los manipuladores le dejarán constantemente vulnerable es cambiando continuamente las reglas del juego o dejando poco claro cuál es su posición en la relación. Si siente que no tiene ni idea de cuál es su situación respecto a la otra persona y que su papel sigue cambiando, por ejemplo, un día todo está bien y al siguiente parece haberles hecho enfadar, probablemente esté lidiando con un depredador.

Los depredadores no dejarán claro cuál es su situación real con ellos cambiando constantemente la nomenclatura de su relación, la forma en la que le tratan o las cosas que le dicen de usted a otra gente. Por ejemplo, puede que un día le describan como su amigo, su pareja al siguiente y como un conocido después. O, puede que le digan a usted que son su pareja y después le dicen a otra persona que son solo amigos y que casi no le conoce. Al comportarse así, los depredadores no dejan claro cuál es su posición en la relación, lo que naturalmente le insta a intentar averiguar cuál es. En esta búsqueda, hace todo lo que puede para delimitar la relación y mantener a la relación dentro de una etiqueta o posición específica para que la relación tenga sentido. Como saben que usted está desesperado por averiguarlo, un manipulador o depredador usará esto en su beneficio para que pase por el aro y haga cosas impensables para asegurar una etiqueta específica, solo para que vuelva a cambiar de nuevo justo cuando pensaba que ya lo había resuelto.

Distracción

La distracción es una táctica usada por depredadores cuando intentan desviar un tema de sus acciones o conducta y concentrarse en cambio en otra cosa. En esta estrategia particular, el depredador no está intentando culparle o destacar su conducta, sino que intentan desviar la conversación y enfoque lejos de ellos mismos. Esta es una estrategia que introducen en sus conversaciones tan sutilmente que parece que la conversación ha cambiado de enfoque de forma natural cuando, en realidad, lo han hecho adrede para cubrir sus acciones y seguir sin que les culpen de nada.

No es poco común para los depredadores usar la distracción, aunque no estén intentando esconder nada específico o conseguir que usted no descubra algo. En cambio, lo usarán simplemente para que la conversación siga alejada de ellos y concentrada en otras cosas. Al hacer esto, pueden evitar tener que acordarse de las mentiras que han contado, potencialmente diciendo cosas que contradicen algo que ya dijeron o algo que les llevaría a tener que cubrir su rastro. A menudo esto es un comportamiento perezoso usado por los depredadores para intentar esconder la verdad cuando les da demasiada pereza tener que cubrir algo si accidentalmente se revela parte de su red.

Otra razón por la que los depredadores pueden hacer esto es si no creen que tengan nada importante que obtener de una conversación o si están intentando sacar información a alguien para usar en otro momento. Por ejemplo, si están hablando con alguien nuevo y no saben de qué alardear o cómo dar una buena impresión a esta persona, puede que desvíen la conversación lejos de ellos para que la nueva persona pueda hablar. Con esto, pueden acumular información sobre esta nueva persona y tramar su estrategia para ganarse la confianza o afecto de esta persona y después usarla en su contra, consiguiendo que sean una nueva víctima del comportamiento del depredador.

Sarcasmo

El sarcasmo es una táctica común usada para confundir a las víctimas y que el depredador parezca inteligente y creíble. Una forma básica en la que el depredador usará el sarcasmo es ser sarcástico con la víctima en presencia de otra gente, ayudando, por tanto, a reducir su autoestima y confianza en sí misma y pavoneándose de lo poderoso que es. Frases comunes que usan los depredadores incluyen cosas como "claro, idiota, eso es exactamente a lo que se referían" o "no me digas". Estas pequeñas pullas tienen un gran poder para hacer que la víctima acabe con una autoestima incluso más baja, dañando aún más su habilidad de contraatacar o defenderse de su depredador.

En conversaciones personales, el sarcasmo se usa a menudo como forma de ocultar sus mentiras o esconder información que el depredador no quiere que la víctima sepa. Por ejemplo, si vuelve a pensar en la historia de Thomas Edison y Nicola Tesla, puede que recuerde la parte de la historia donde Edison ofrece a Tesla $50.000 para terminar el trabajo. Una vez Tesla completó el trabajo, Edison usó el sarcasmo para encubrir el hecho de que nunca tuvo ninguna intención de pagar a Tesla $5.,000 a cambio de sus servicios riéndose y diciendo "¡Usted no entiende el humor americano!". Esta era una forma de sarcasmo usado para encubrir el hecho de que Edison hizo una oferta que nunca iba a cumplir, haciéndole sentir a Tesla humillado y como si hubiese cometido un error en vez de sentirse engañado por un trato falaz.

Culpabilizar

Culpabilizar a sus víctimas es una forma en la que los depredadores pueden hacer que sus víctimas se sientan personalmente responsables por la forma en la que le han tratado debido a algo que han hecho, ya sea en general o al manipulador. Culpabilizar permite al depredador llevar a su víctima a pensar que son mezquinos, maníacos o abusivos con otras personas. Esto lleva a la víctima a sentir como si hubieran hecho algo mal y necesitan cambiar o tener más cuidado con su comportamiento para evitar herir a aquellos a su alrededor. A menudo, culpabilizar está mezclado con validación, que deriva de acciones que han sido tergiversadas para hacer que parezca que la víctima estaba siendo mezquina intencionadamente cuando, en realidad, no lo era.

Por ejemplo, digamos que está saliendo con sus amigos y un amigo derrama café en su camiseta y usted se ríe de su torpeza, sabiendo que su amigo también se está riendo de sí mismo, aunque en ese momento parezca enfadado o frustrado. En realidad, esto es simplemente una experiencia graciosa y lo más probable es que a su amigo no le importe que se esté riendo de él por lo que pasó. Sin embargo, un depredador puede llevarle a pensar que reírse de un amigo porque ha derramado un café es abusivo y que ha humillado a su amigo y ha conseguido que ya no le caiga bien a este. Puede que use el hecho de que no han hablado en varios días como prueba de que ya no le cae bien a esta persona, aunque sea normal que su relación pase por periodos donde hablan más y otros menos. Ya que le han hecho sentirse culpable, empieza a creer que es realmente una persona destructiva y que hiere a aquellos en su vida, como un manipulador que probablemente afirme que usted le ha herido de alguna manera, aunque usted no lo haya hecho.

Este tipo de comportamiento le lleva a sentirse ultra-consciente de todo lo que hace e intentar compensarlo desarrollando un profundo sentido de conciencia de sí mismo. Al obsesionarse con cada acción que lleva a cabo y dudando de todo lo que hace, usted intenta evitar herir a otra gente con sus *maneras destructivas*. En realidad, usted nunca hirió a nadie en primer lugar, pero ahora, su autoestima es baja y su percepción ha sido alterada, así que, de nuevo, está a merced del manipulador y sus maneras engañosas.

Adulación

A los depredadores les encanta adular y cautivar para ganarse la confianza de la gente y conseguir su respeto. Normalmente, los depredadores son muy encantadores con todas las personas que conocen, ya que esto les permite ser percibidos como amables, simpáticos y de confianza. Esto también les asegura que nadie sospeche que son depredadores, dejándoles, por tanto, hacer todo lo que quieran sin que nadie sospeche de ellos porque son *demasiado amables* como para hacer una cosa así. Un depredador hará esto con todo el mundo, incluso a su víctima, ya que esto asegura que se queden en el lado positivo del radar emocional de todo el mundo, lo que les permite ser libres para hacer lo que quieran sin que nadie sospeche que son depredadores.

Si se da cuenta de que alguien parece estar halagándole más de lo normal o parecen excesivamente interesados en encontrar razones para adularle de formas que se salen del halago estándar, tenga cuidado. Estas son las acciones típicas de un depredador que está intentando hacerle sentir especial y único para que puedan sembrar el caos en su estado mental para su propio beneficio. Aunque le parezca algo positiva, tenga cuidado y mantenga la guardia alrededor de esta persona hasta que esté muy claro que usted está a salvo a su alrededor y que no le hará daño. Más aún, esté listo para prestar atención a los otros comportamientos comunes de un depredador, como *love bombing* y devaluación, para asegurar que no es arrastrado hacia su ira.

Hacerse el inocente

Los manipuladores son maestros a la hora de fingir sus emociones y hacerlo con tanta elegancia que es virtualmente imposible saber si dicen la verdad o no. Al fingir magistralmente sus emociones y esconder sus verdaderos sentimientos y expresiones, un manipulador puede cubrir fácilmente sus ofensas con expresiones de shock, confusión y ponerse a la defensiva. Cuando un manipulador se hace la víctima, lo hace de forma tan sutil que la verdadera víctima sinceramente cree su reacción y empieza a cuestionarse si sus acusaciones son fundadas o no.

Una forma en la que los manipuladores pueden mejorar incluso más la habilidad de hacerse la víctima es mantener sus actos de manipulación y abuso sutiles pero muy eficaces. Por ejemplo, invertir la verdad no significa que mientan, sino que usaron la verdad en su beneficio para distorsionar la realidad de su víctima. Entonces, cuando su víctima intenta llamarles la atención y establecer que lo hizo aposta, el manipulador se hará la víctima y pretenderá que está sorprendido y dolido porque la víctima pudiese pensar una cosa así. Esto deja a la víctima preguntándose si el hecho de darle la vuelta a la verdad fue intencionado y hecho con malicia o si fue un error o si no pasó en absoluto.

Los manipuladores saben que, si reaccionan a las acusaciones con conmoción y sorpresa, subconscientemente presionarán a la verdadera víctima para que se sienta mal e intente compensar por *atacar* al manipulador. En realidad, nunca hubo un ataque porque la víctima simplemente le estaba llamando la atención al manipulador por su conducta maliciosa. Sin embargo, ya que la víctima se cree la reacción de sorpresa del manipulador, empiezan a sentirse culpables por acusar al manipulador y por tanto empiezan a compensarle por sus acusaciones *falsas*. Al final, las huellas del manipulador se han cubierto y la víctima nunca llega hasta el fondo de las tácticas manipulativas que utilizaron contra esta.

Agresión excesiva

La agresión es un comportamiento que induce ansiedad y que puede causar que cualquier persona que no esté expresando agresión se sienta asustada e insegura. A los manipuladores se les conoce por usar excesivas cantidades de agresión como forma de consternar a sus víctimas y forzarles a un estado de sumisión. Cuando una persona manipuladora se vuelve agresiva, sus acciones y conducta se vuelven impredecibles, haciendo que las personas en su entorno se sientan inseguras e indecisas sobre lo que esperar del manipulador. Lo más probable es que el manipulador esté yendo de farol con la agresión para poder salirse con la suya, pero en algunos casos, la agresión puede llegar tan lejos como para causar serios daños físicos a aquellos a su alrededor. Esto es especialmente común entre narcisistas, psicópatas y sociópatas que no tienen ninguna empatía y que parecen no tener capacidad para evitar herir a alguien, ya que no sienten las consecuencias de su comportamiento hiriente.

Cuando una víctima, especialmente una víctima durante mucho tiempo, ha sido expuesta a la conducta agresiva del manipulador, inmediatamente cumplirán con todo lo que el manipulador les pida porque quieren que termine el comportamiento agresivo. Esta es la única forma en la que la víctima realmente sabe que está a salvo de la agresión. El manipulador reconoce esto y sabe que la agresión hace que su víctima sea sumisa, de manera que la usa siempre que quiere que su víctima haga lo que quiera. Con algunos manipuladores, se usa la agresión como último recurso cuando las otras tácticas no funcionan, y se sienten como si estuvieran perdiendo el control. Con otros, se usa a menudo como forma de desconcertar a la víctima y dejarles inseguros y temerosos para que nunca sepan qué esperar.

Otra razón por la que los manipuladores usan la ira es para intentar terminar las conversaciones rápido y sin preguntas. Cuando una persona manipuladora se enfada excesivamente durante una conversación, en muchos casos, lo hacen para intentar terminar la conversación para que su víctima se confunda. Esto aleja la atención del tema de la conversación original y pone a la víctima en un estado donde intentar controlar la ira del agresor, ayudándole, por tanto, a enterrar el tema original y evitar que les *pillen*. En esta situación, la víctima recuerda que intentar presionar para obtener más información sobre el tema original lleva a una experiencia aterradora con el manipulador, por lo que será menos probable que insistan para obtener respuestas o cuestionar al manipulador respecto a ese tema.

Aislamiento

Los depredadores siempre intentarán aislar a la víctima para que sea más fácil de controlar. Puede que reconozca esto por los depredadores sexuales que salen en las noticias, donde usan a víctimas aisladas como sus objetivos porque no hay nadie que pueda prevenir que entren en acción. Por ejemplo, una chica sola de camino al baño o caminando sola a su casa por la noche. Estos son blancos excelentes para depredadores sexuales que quieren aprovecharse de alguien para satisfacer sus propios deseos enfermos y retorcidos. Los depredadores sexuales no son los únicos que usarán el aislamiento como forma de manipulación para ayudarles a conseguir lo que quieren. Virtualmente cualquier persona manipuladora usará esto como estrategia para salirse con la suya porque saben que es más fácil convencer y manipular a una persona en vez de a muchas. Esta es la razón por la que los niños pequeños que están aprendiendo a conseguir lo que quieren preguntarán solo a un padre, el padre más generoso, cuando quieran algo que piensan que no podrán conseguir y que obtendrán un *no* de sus padres. En el caso de los niños, sin embargo, la mayoría de las veces, simplemente son muy pequeños, y esta es una fase que puede ser corregida por los padres cuando ven esta conducta. En adultos y niños que no han aprendido que este tipo de comportamiento está mal, este tipo de conducta manipuladora se usa para conseguir lo que quieren de otros.

Usar la técnica del aislamiento funciona mejor cuando una persona quiere hacer algo malicioso y no quiere testigos que podrían potencialmente evitar que lo consigan. En relaciones abusivas, esto puede ser algo como aislar poco a poco a su víctima de todos sus amigos y familiares haciendo que todos sus seres queridos piensen que son unos mentirosos que están abusando de la persona manipuladora y no al revés. En el lugar de trabajo, por ejemplo, puede que su jefe espere hasta que esté solo antes de aproximarse e intentar presionarle para que haga algo como trabajar más de lo razonable para su puesto. Entre sus amigos, puede ser un amigo intentando aislarle con el fin de intentar reclutarle para hacer algo malévolo o desagradable a otro amigo, como dejarle tirado o hacerle una broma de mal gusto. Hay muchas formas en las que este comportamiento puede usarse para intentar manipular a otra persona para que haga cosas que no quiere. Esto es porque los manipuladores saben que cuando alguien está aislado, está más asustado a la hora de decir *no* porque no hay nadie que le pueda proteger de la cólera del manipulador. Si la víctima ya sabe de lo que es capaz el manipulador, estará aún más asustado porque le preocupa que si no cumplen con los deseos del manipulador, llevará a serias consecuencias negativas. Al mantener a sus víctimas aisladas, el manipulador puede distorsionar fácilmente la realidad de la víctima y presionarla para que haga todo lo que quiera, ya que la víctima cree que no tiene otra opción para protegerse.

Fingen amor y empatía

Los verdaderos depredadores que se sabe que son psicópatas, sociópatas o narcisistas no saben cómo experimentar amor y empatía por nadie excepto por ellos mismos. Esta es la razón por la que pueden tomar parte de tácticas de poder maquiavélico sin sentir ningún tipo de remordimiento o culpa por sus acciones: porque creen genuinamente que todos los demás son malas personas y ellos son las víctimas del mundo entero. Con esta mentalidad, pueden aislarse mental y emocionalmente de todos los demás y usar una mentalidad de *yo contra todos los demás*. Esta es la razón por la que no sienten absolutamente ningún remordimiento por herir a la gente a su alrededor y usar a otros como peones en su estratagema para obtener más poder de aquellos en su entorno. Para ellos, todo el mundo es una persona horrible, y se merecen el dolor causado por el manipulador.

Aunque esta sea la verdadera mentalidad del depredador, nunca dejarán que nadie sepa cómo piensan y se sienten en realidad. Esto es porque los depredadores saben que otra gente prospera con empatía y amor en sus vidas y creen realmente en estas dos cosas y las comparten libremente con aquellos a su alrededor. Al fingir muestras de amor y empatía con otros, los depredadores se camuflan con la sociedad general y empiezan a sembrar el caos en la persona que les gusta porque saben que así pueden evitar ser detectados.

Cuando un depredador muestra empatía o amor, lo que realmente están haciendo es imitar lo que ven en otros. Su empatía y amor son completamente falsos, y las formas en las que lo muestran están basadas en las interacciones que han visto tener lugar entre otros y no basado en los sentimientos genuinos que sienten ellos mismos. Por esta razón, los depredadores no sienten realmente amor o empatía por nadie, que es lo que hace que sea tan fácil para ellos usar a sus víctimas y hacerles cosas crueles e impensables.

Capítulo 7: Ganadores embaucadores

Cuando hablamos de gente que practica el poder maquiavélico, siempre tiene un único objetivo: ganar. Quieren todo y siempre se niegan a conformarse con nada menos que lo que desean. Para mucha gente, este tipo de cualidad tenaz es positiva y puede llevar a que se esfuercen para conseguir los resultados deseados y ser feliz con el resultado positivo que obtienen. Con los maquiavélicos y gente que usa la psicología oscura, este tipo de determinación significa que no se detendrán ante nada para ganar y no les asusta dar pasos inmorales para conseguir el éxito.

La gente maquiavélica utiliza cuatro tácticas para ganar a todo, llevando el engaño al nivel de arte. Esto incluye engañar a otros sobre sus verdaderos recursos; engañar a la gente para que se crean sus estrategias; usar el engaño como parte de un plan superior y cubrir su rastro para que no les pillen. El engaño es una herramienta de poder importante usada por maquiavélicos para utilizar sus tácticas inmorales para ganar y salirse con la suya sin que nadie nunca les culpe de sus estrategias manipulativas. En este capítulo, vamos a descubrir cómo los líderes maquiavélicos usan estas tácticas para conseguir lo que quieren prácticamente en todas las situaciones.

Engañar a la gente sobre sus recursos

La mayoría de la gente que está intentando cerrar negociaciones o ganar algo, lo hará siendo honesto sobre sus recursos y usándolos de forma creativa para producir los resultados deseados para ambas partes. Esta es la forma de seguir siendo honesto mientras que son capaces de conseguir un acuerdo próspero entre ellos mismos y aquellos a su alrededor. Por ejemplo, un político quiere ganar unas elecciones, pero quieren hacerlo de forma honrada respecto a sus recursos y capacidades. En su campaña, el político tendrá que ser honesto sobre lo que son realmente capaces de conseguir y qué recursos tienen para apoyarlos, y después propondrá soluciones a los deseos de sus votantes que es capaz de cumplir de forma realista. Este tipo de campaña es honesta y transparente y les da a los votantes una sensación realista de lo que se puede conseguir y cómo.

Para alguien que está dispuesto a ganar usando poderes maquiavélicos, sin embargo, traerán engaño a la práctica y empezarán a engañar a los votantes para hacerles creer que el político puede hacer más de lo que puede en realidad. Sin embargo, el ganador embaucador nunca dirá específicamente lo que conseguirá cuando llegue al gobierno. En cambio, proporcionará ideas y propuestas. Según ofrece ideas y propuestas, el político embaucador las formulará de forma que parezca que *seguro* conseguirá que ocurran, pero incluirá pequeños matices para que se puedan echar atrás más tarde. De esta forma, cuando le hagan preguntas después de ganar, como "usted dijo que haría X, ¿cuándo lo hará?", podrá contestar algo como "yo nunca dije que lo *haría*, sino que lo *intentaría*". Cuando los votantes vayan a revisar las grabaciones de su campaña, se darán cuenta de que usó varios juegos de palabras en sus declaraciones que dejaban claro que no estaba siendo transparente, pero habían sido escondidos de forma magistral. De esta forma, el político técnicamente no está mintiendo, y los individuos que se enfrentan a él no pueden encontrar argumentos sólidos con los que discutir, así que son incapaces de acusar al político de mentir. En cambio, el político ha engañado satisfactoriamente a todos para que le crean y así ganar las elecciones. Una vez hayan ganado, es demasiado tarde para que los votantes hagan algo para dar marcha atrás.

Cuando una persona usa el engaño para esconder recursos, están intentando asegurarse de que todo el mundo crea en sus aptitudes, pero nadie ve realmente que no tienen los medios para conseguir sus promesas propuestas. Como resultado, pueden ganar sus juegos engañosos con un gran número de seguidores que son incapaces técnicamente de señalar las ofensas del ganador embaucador, de manera que les cuesta determinar si sus acciones eran falsas o no.

Engañar a la gente para que crea en su estrategia

Cuando un líder maquiavélico no puede engañar a la gente para que crea en sus recursos, pasará a engañarles para que crean en su estrategia. O, a veces, combinarán ambos tipos de engaño para crear una red de mentiras y confusión masiva que hace que sus simpatizantes continúen apoyando su misión. Al engañar a la gente para que crean que tienen una gran estrategia que puede usarse para conseguir un objetivo común, los líderes manipuladores pueden conseguir seguidores que les apoyan en su causa, aunque su causa esté lejos de ser honesta o realizable.

La táctica clave que un manipulador usará para conseguir el apoyo de alguien cuando están intentando ganar algo es el alarmismo. Con alarmismo nos referimos a infundir mensajes de miedo en aquellos a su alrededor y llenarles la cabeza con ideas de que están en peligro o que, si no se lleva a cabo una acción, va a pasar algo terrible. Este tipo de comportamiento es conocido como *guerra psicológica* y coincide con otras formas de guerra psicológica como el aislamiento, la culpabilización de la víctima, el *love bombing* y otras conductas manipuladoras.

Una vez que la gente esté asustada, están llenos de miedo e inmediatamente buscan formas de protegerse contra dicho miedo.

Esto les hace mucho más complacientes a la hora de escuchar la propuesta de un líder maquiavélico y creer en esta porque, en ese momento, no están pensando racionalmente y están listos para hacer todo lo que puedan para protegerse.

Un gran ejemplo de esto en la historia reciente es la propuesta de Donald Trump de construir un muro entre Estados Unidos y México. Siendo realistas, es poco probable que un muro evitase que entrara gente si realmente quisiesen entrar, simplemente encontrarían otra forma de entrar ilegalmente en el país y seguir haciendo lo que estaban haciendo igualmente. Más aún, el alarmismo permitido por Trump de cubrir el hecho de que los inmigrantes ilegales no son un gran problema como nos hacen creer, ni eran el mayor el problema al que se estaba enfrentando el país en ese momento. Sin embargo, Trump sabía que esto era una verdadera preocupación para la población de buscadores de empleo que les estaba costando encontrar trabajo y sabía que al infundir el miedo de que nunca encontrarían trabajo mientras los inmigrantes siguiesen llegando al país, haría que ganara su apoyo. Con esto, ganó inercia, y fue capaz de exagerar el problema y llamar mucho la atención a través de este hecho aislado. Aunque Trump no tenía los recursos para construir el muro, hizo parecer que sí tenía la estrategia para conseguirlo: forzar al gobierno mexicano a construirlo. Como ha infundido tanto miedo en sus simpatizantes, la gente creyó que su estrategia funcionaría y le apoyó al 100%.

El engaño es una herramienta, no un plan

La gente que está intentando ganar a través del engaño sabe que el embuste en sí no es todo el plan, sino que es una herramienta usada para que ocurra un plan mayor. Si un ganador embaucador dependiese solamente del engaño como plan, su estratagema probablemente se desmoronaría rápidamente, ya que la gente se daría cuenta de que está usando el engaño, porque probablemente abusaría de él. Además, les impediría alcanzar el éxito porque no tendrían una decisión clara respecto a dónde van o qué están haciendo para conseguir el éxito en la dirección escogida.

En vez de usar el embuste como un plan principal para ganar, los líderes maquiavélicos lo usarán como herramienta para ayudarles a cubrir su plan real y evitar que les descubran. De esta forma, un líder manipulador puede trabajar en el plan real entre bambalinas mientras todos sus seguidores permanecen ajenos a las idas y venidas del líder. Cada vez que se centra la atención en ellos por sus motivaciones reales, simplemente usarán más engaños para cubrir su rastro y evitar que les pillen. Si el engaño en sí deja de funcionar, los verdaderos manipuladores todavía contarán con abundantes herramientas para ayudarles a mantener a sus simpatizantes fuertes y serviciales. Por ejemplo, desatando emociones fuertes dentro de sus seguidores y después manipulando sus emociones para usarlas como herramienta para que sigan siendo leales y complacientes.

Un líder maquiavélico o ganador embaucador sabe que, si su oponente descubre su engaño, puede usarse rápidamente para destruir por completo su capacidad para alcanzar el éxito. Esta es la razón por la que usan el engaño con moderación y lo mezclan con ofertas genuinas y honradas, a menudo vinculadas con otras tácticas manipulativas como invertir la verdad o inspirar emociones específicas en su público, que les respaldan para creer en el engaño del manipulador. También crearán y mantendrán una tapadera cuando usen el embuste para evitar que les descubran. Al dar una razón falaz a sus acciones engañosas, pueden hacer que parezca que están siendo sinceros y honrados, y evitar que su público se vuelva en su contra, causando, por tanto, que pierdan el apoyo que requieren para ganar. El engaño es simplemente una herramienta usada para ayudarles a avanzar con su plan, no el plan entero en sí.

Use el engaño para cubrir sus huellas

Cuando un líder maquiavélico usa el engaño para ganar, siempre lo hará de forma que mezcle hechos y ficción para que toda su estrategia de engaño no sea una mentira. De esta forma, pueden cubrir sus huellas y evitar ser vistos como verdaderos embaucadores: porque saben que, si cualquiera intentara descubrir su estratagema, simplemente podrán dirigir la atención a las áreas donde estaban diciendo la verdad. Así parece que toda la declaración era verdad, aunque nunca fue sincera y tenía intenciones engañosas.

Usar desinformación y señuelos puede consumir a su oponente con miedo y hacer que vuelva a usted para conseguir más información o verle como una autoridad suprema. Esta es una estrategia común usada a la hora de intentar ganar cualquier tipo de batalla o competición entre líderes maquiavélicos.

Un gran ejemplo donde se usó el engaño para cubrir el rastro y esconder intenciones fue en la invasión de Normandía durante la Segunda Guerra Mundial. En esta guerra, los aliados (Gran Bretaña, Estados Unidos, China y la Unión Soviética) usaron el engaño para paralizar los intentos de Hitler y dejarle confundido e indeciso respecto a lo que iban a hacer para detener su malévola misión. Como los ejércitos falsos y dobles le engañaban constantemente, nunca sabía de verdad qué hacer, de manera que sus tasas de reacción se ralentizaron enormemente. Como resultado, le costaba saber dónde concentrar su energía y cuáles eran las amenazas reales contra su gente. Finalmente, este engaño hizo que él y sus militares perdieran la guerra.

Hitler no solo fue únicamente una víctima del engaño durante esta guerra. También empezó a usar el engaño para ayudarle a crear un ejército falso que usar como señuelo cuando los aliados invadiesen Normandía en el Día D. Como no tenía ni idea de dónde iban a aterrizar los aliados, hizo grandes versiones inflables de tanques y cañones y los colocó en varias áreas a lo largo de la playa. De cerca, estos objetos eran obviamente falsos, pero desde lejos, parecían extremadamente reales. Esto provocó que, cuando los aliados aterrizaron, intentaran protegerse contra ejércitos de Hitler falsos mientras que los reales estaban escondidos a corta distancia de ahí, preparados para luchar contra los aliados. En la Segunda Guerra Mundial, el engaño era una táctica básica usada para intentar engañar al ejército enemigo para poder ganar. Al final, los aliados ganaron y detuvieron al ejército de Hitler de sembrar el caos.

Conclusión

Este libro debería haberle proporcionado un profundo conocimiento de cómo los líderes maquiavélicos y la gente manipuladora se aprovecha de otros para satisfacer sus propias fantasías retorcidas de su vida. Nunca es agradable que se aprovechen de usted o que le arrastren a la psicología oscura de la gente manipuladora, pero, desafortunadamente, esto le ocurre a la gente a diario, entendiendo cómo son las estrategias engañosas y cómo la gente manipuladora usa la manipulación, el control mental, el engaño, la persuasión, la negociación, la conducta humana y la guerra psicológica para salirse con la suya en la vida. Mientras que todos queremos conseguir nuestros objetivos y vivir nuestras fantasías, alguna gente está dispuesta a llegar a extremos sinvergüenzas para conseguir sus objetivos y realizar sus sueños. A menudo, hieren a mucha gente por el camino y no muestran ningún remordimiento o consideración por el daño que han provocado.

Los líderes maquiavélicos y depredadores pueden ser tan buenos en lo que hacen que usted no tiene ni idea de que está siendo manipulado para convertirse en un peón usado para ayudarles a satisfacer sus fantasías. Debido a su amplia selección de herramientas y estrategias de la psicología oscura, pueden engañarle para creer que todo lo que hacen es honesto y verdadero y usted es el loco por no creer en ellos y sus causas. Al despojarle de su autoestima y de la confianza en sí mismo, un líder maquiavélico puede asegurarse de que nunca cuestionará su juicio o sus acciones y que usted se mantiene fiel a ellos mientras se desvía de sus propios principios. Esto hace incluso más sencillo para ellos el hecho de enredarle en su retorcida conspiración para que pueda apoyarle para ganar su juego de la vida.

Si alguna vez ha sido manipulado por alguien en su vida, lo más probable es que usted haya sido testigo de estos mismos comportamientos entre usted mismo y otro humano. Al leer este libro y obtener un sólido conocimiento de cómo son estas conductas y cómo se usan contra gente sana e inocente, usted puede protegerse mejor de intentos manipuladores futuros. Si la manipulación ha sido un problema para usted en su vida, dejar este libro a mano puede ayudarle a recordar varias herramientas engañosas que los manipuladores usan para victimizar a otros. De esa forma, usted puede evitar ser arrastrado de nuevo al engaño y manipulación en el futuro.

Recuerde, este libro no se escribió para respaldar el comportamiento engañoso o animarle a empezar a manipular a aquellos a su alrededor para salirse con la suya en la vida. La psicología oscura es una táctica peligrosa de usar y, en muchos casos, la persona que la usa perderá, simplemente porque es una estrategia destructiva y cruel para obtener lo que quiere. Aunque parezca una forma sencilla de ganar, realmente no lo es, y puede destruir su vida de alguna de las peores maneras. La gente que vive de esta forma a menudo carece de verdadero amor y empatía en sus vidas, lo cual puede ser una forma triste y dolorosa de existir en este mundo. Evite usar estas características como la forma para conseguir lo que quiere. En cambio, concéntrese en ser honesto y mantener su integridad mientras evita a la gente que usa estos tipos de comportamientos en su propio beneficio. Así es como usted puede ganar realmente.

Por último, si disfrutó este libro y le ayudó a obtener un mayor conocimiento de la mentalidad de manipuladores, embusteros y abusadores, por favor, deje su opinión en Amazon. Agradeceríamos mucho su sincera opinión.

¡Gracias por su apoyo!